मानव जीन विज्ञान: जीन से आत्मा तक

विज्ञान से चेतना तक - जीवन की आनुवांशिक यात्रा

VIGYAAN SE CHETNA TAK - JEEVAN KI AANUVAANSHIK YATRA

दुधेश्वर प्रसाद कंवर

Made with ♥ on the Notion Press Platform
www.notionpress.com

मानव जीन विज्ञान

जीन से आत्मा तक

विज्ञान से चेतना तक –
जीवन की **आनुवांशिक** यात्रा

लेखक: दुधेश्वर कंवर

Enter Caption

? DEDICATION PAGE (समर्पण पृष्ठ)

"उस अनंत चेतना के नाम —
जिसने जीवन के सूक्ष्म सूत्रों को जीनों में लिखा।"

"प्रत्येक कोशिका के भीतर जो मौन गूँजता है,
वही ब्रह्म की ध्वनि है।"

"यह ग्रंथ समर्पित है —
हर उस वैज्ञानिक को जो प्रयोगशाला में सत्य खोजता है,
और हर उस साधक को जो मौन में आत्मा खोजता है।"

"उन सभी जिज्ञासुओं के नाम —
जो यह पूछते हैं,
'मैं कौन हूँ?'"

— दुधेश्वर कंवर
2025

क्रम-सूची

प्रस्तावना vii

भूमिका ix

पावती (स्वीकृति) xi

आमुख xiii

TABLE OF CONTENTS xix

1. अध्याय 1 1
2. अध्याय 2 6
3. अध्याय 3 12
4. अध्याय 4 17
5. अध्याय 5 23
6. अध्याय 6 30
7. अध्याय 7 36
8. अध्याय 8 42
9. अध्याय 9 48
10. अध्याय 10 54
11. अध्याय 11 60
12. अध्याय 12 66
13. अध्याय 13 72
14. अध्याय 14 78
15. अध्याय 15 84
16. अध्याय 16 90
17. अध्याय 17 96
18. अध्याय 18 102
19. अध्याय 19 108
20. अध्याय 20 114
21. अध्याय 21 121

क्रम-सूची

22. अध्याय 22 127

23. अध्याय 23 133

24. ✵? अध्याय 24 जीन और धर्म — सृष्टि का रहस्य (Genes And Religion: The Mystery Of Creation) 139

25. अध्याय 25 146

26. अध्याय 26 153

27. अध्याय 27 160

28. अध्याय 28 167

29. अध्याय 29 173

30. अध्याय 30 180

प्रस्तावना

? प्रस्तावना (Preface)

मनुष्य सदियों से यह प्रश्न पूछता आया है —

"मैं कौन हूँ?"

"मेरे भीतर जीवन का यह रहस्य कैसे जागा?"

"क्या मेरे गुण, मेरा स्वभाव, मेरा भाग्य— किसी गहरे कोड से संचालित होते हैं?"

इन प्रश्नों के उत्तर विज्ञान ने खोजने शुरू किए — और उसी खोज ने जन्म दिया "जीन्स विज्ञान" को।

यह विज्ञान उस अदृश्य भाषा को समझने का प्रयास है, जिससे प्रकृति ने हमें लिखा है।

डीएनए की खोज के साथ यह रहस्य खुला कि जीवन किसी चमत्कार का परिणाम नहीं, बल्कि चार अक्षरों (A, T, G, C) की एक सुगठित जैव-लिपि है।

इन्हीं अक्षरों से बना "जीन" वह सूक्ष्म अध्याय है जिसमें हमारी समस्त संभावनाएँ, क्षमताएँ और सीमाएँ दर्ज हैं।

इस पुस्तक में मैंने प्रयास किया है कि मानव जीनोम की जटिलताओं को सरल भाषा में प्रस्तुत किया जाए, ताकि यह पुस्तक केवल वैज्ञानिकों के लिए नहीं, बल्कि हर जिज्ञासु पाठक के लिए उपयोगी बने।

हम देखेंगे —

किस तरह मेंडल के मटरों से शुरू हुई कहानी आज CRISPR जीन एडिटिंग तक पहुँच चुकी है।

किस तरह जीन हमें आकार देते हैं, बीमारियाँ तय करते हैं, और हमारे व्यवहार तक को प्रभावित करते हैं।

और सबसे महत्वपूर्ण —

क्या भविष्य में हम "अपने जीन" बदलकर "अपने जीवन" को पुनर्लेखित कर पाएँगे?

यह पुस्तक केवल एक वैज्ञानिक दस्तावेज़ नहीं, बल्कि एक दार्शनिक यात्रा भी है — जहाँ विज्ञान और चेतना, जीन और जीवन, प्रयोगशाला और आत्मा — एक ही धरातल पर संवाद करते हैं।

"जीन नियति नहीं हैं — वे संभावना हैं।"

— यही इस पुस्तक का मूल मंत्र है।

भूमिका

? भूमिका (Preface)
प्रिय पाठक,
यह पुस्तक केवल एक वैज्ञानिक व्याख्या नहीं,
बल्कि एक जीवन यात्रा है —
जो हमें कोशिका से आत्मा तक,
और जीन से ब्रह्म तक ले जाती है।
हर मनुष्य के भीतर एक अदृश्य लिपि लिखी है —
वह लिपि है डीएनए,
जिसके चार अक्षर — A, T, G, C —
प्रकृति की मौन भाषा हैं।
विज्ञान ने जब इस लिपि को पढ़ा,
तो उसने जीवन को "सूचना" कहा।
परंतु जब मैंने उसे महसूस किया,
तो मैंने जाना —
"यह सूचना नहीं, यह चेतना है।"
इस ग्रंथ में मैंने यह दिखाने का प्रयास किया है कि
जीन केवल भौतिक इकाइयाँ नहीं हैं,
बल्कि वे अनुभव की तरंगें हैं।
हर विचार, हर भावना, हर प्रार्थना
हमारे जीनों में एक नई ध्वनि जगाती है।

मेंडल की प्रयोगशाला से लेकर
क्वांटम चेतना की प्रयोगशाला तक —
यह यात्रा केवल विज्ञान की नहीं,
आत्म-ज्ञान की खोज भी है।
यह पुस्तक आपको यह सोचने पर विवश करेगी —
क्या हमारे जीन केवल शरीर बनाते हैं,
या वे हमारी आत्मा को भी आकार देते हैं?
"विज्ञान ने देखा — आत्मा ने जाना।
और तभी जीवन पूर्ण हुआ।"

मैं आशा करता हूँ कि यह ग्रंथ
आपके भीतर एक नई दृष्टि जागृत करेगा —
जहाँ आप अपनी हर कोशिका में
प्रकाश का कंपन महसूस करेंगे।

??

"जीन जीवन का रूप हैं,
आत्मा उसका स्वर है।"

?

— दुधेश्वर कंवर
2025

पावती (स्वीकृति)

? स्वीकृति (Acknowledgement):

मैं हृदय से आभारी हूँ —
उन सभी वैज्ञानिकों, चिंतकों और योगियों का
जिन्होंने चेतना और जीवन के बीच पुल बनाया।

विशेष धन्यवाद मेरे परिवार, विद्यार्थियों और पाठकों को —
जिन्होंने इस यात्रा को प्रेम, धैर्य और प्रेरणा से भरा।

"हर प्रश्न ने मुझे आगे बढ़ाया,
और हर मौन ने उत्तर दिया।"

आमुख

? आमुख (Introduction):

"मानव जीन विज्ञान: जीन से आत्मा तक"

मनुष्य की सबसे गहरी खोज है —
वह क्या है जो उसे 'जीवित' बनाता है?

यह पुस्तक विज्ञान की दृष्टि से जीवन को समझाती है,
और आत्मा की दृष्टि से उसे महसूस कराती है।

लेखक जीनों को केवल जैविक नहीं,
बल्कि चेतन इकाई मानते हैं।
हर जीन में एक तरंग है —
जो अनुभवों, भावनाओं और स्मृतियों से संवाद करती है।

यह ग्रंथ बताता है कि
मनुष्य का विज्ञान तभी पूर्ण होता है,
जब वह आत्मा को पहचानता है।

? आभार (Acknowledgement)

यह कार्य केवल मेरी लेखनी का परिणाम नहीं, बल्कि अनेक प्रेरणाओं, शिक्षाओं और सहयोगों का संगम है।

सबसे पहले, मैं विज्ञान के अग्रदूतों — मेंडल, वॉटसन, क्रिक, रोज़लिन फ्रैंकलिन, और ग्रेगोर मेंडल — को नमन करता हूँ, जिनकी खोजों ने मानव जीवन के रहस्यों का द्वार खोला।

मैं उन सभी शिक्षकों, शोधकर्ताओं और वैज्ञानिक संस्थानों का आभारी हूँ — जिनके कार्यों ने इस पुस्तक को गहराई दी।

विशेष आभार भारत के CSIR-IGIB, CCMB, और IISc Bengaluru के उन शोधपत्रों का, जिनसे मुझे भारतीय संदर्भ में जीन विविधता पर डेटा मिला।

मेरे पाठकों और विद्यार्थियों का आभार — जिनकी जिज्ञासा और प्रश्नों ने मुझे यह पुस्तक लिखने के लिए प्रेरित किया।

और अंत में, प्रकृति को नमन — जिसने अपने हर जीव में जीनों के रूप में जीवन का रहस्य छिपा रखा है।

यह पुस्तक सभी उन लोगों के लिए है —
जो यह मानते हैं कि विज्ञान केवल ज्ञान नहीं, बल्कि आत्म-अन्वेषण का मार्ग है।

? COPYRIGHT PAGE (कॉपीराइट पृष्ठ)

? मानव जीन विज्ञान: जीन से आत्मा तक

(Human Gene Science: From Gene to Soul)

✍? लेखक: दुधेश्वर कंवर

"यह ग्रंथ केवल ज्ञान के लिए नहीं,
चेतना के विस्तार के लिए लिखा गया है।"

? पहला संस्करण (First Edition):

वर्ष: 2025

भाषा: हिंदी

प्रकाशक:

?

? ISBN: (978-93-344-4170-3)

"प्रत्येक शब्द चेतना का एक कण है।
इसे केवल पढ़ें नहीं — अनुभव करें।"

Table Of Contents

TABLE OF CONTENTS

अध्याय 1जीवन की आनुवांशिक कहानी
अध्याय 2डीएनए की संरचना और कार्य
अध्याय 3मानव जीनोम परियोजना
अध्याय 4मेंडेलियन आनुवांशिकी
अध्याय 5क्रोमोसोम और जीन मानचित्रण
अध्याय 6जीन उत्परिवर्तन
अध्याय 7जीन अभिव्यक्ति
अध्याय 8एपिजेनेटिक्स: जीनों के ऊपर की कहानी
अध्याय 9मानव विकास और जीन
अध्याय 10आनुवांशिक रोग
अध्याय 11जीन थेरैपी
अध्याय 12 CRISPR और जीन एडिटिंग
अध्याय 13 कृषि और पशुपालन में जीन तकनीक
अध्याय 14 बायोटेक्नोलॉजी और जीनोमिक क्रांति
अध्याय 15 मानव जीनोमिक्स और व्यक्तिगत चिकित्सा
अध्याय 16 मानव जीनोम प्रोजेक्ट — जीवन का मानचित्र
अध्याय 17 एपिजेनेटिक युग और चेतना की जीनोमिक समझ
अध्याय 18जीन और नैतिकता
अध्याय 19भविष्य का मानव — जीनोमिक युग में नैतिक चेतना
अध्याय 20जीवन का दर्शन — जीन से आत्मा तक
अध्याय 21जीनोमिक चेतना और कृत्रिम बुद्धिमत्ता
अध्याय 22स्त्री, जीन और सृष्टि
अध्याय 23जीन और पर्यावरणीय चेतना
अध्याय 24जीन और धर्म — सृष्टि का रहस्य
अध्याय 25भारतीय योग परंपरा और जीन विज्ञान
अध्याय 26अमरता का विज्ञान: जीन, मन और काल
अध्याय 27क्वांटम जीन और ब्रह्मांडीय आत्मा
अध्याय 28भविष्य का धर्म: विज्ञान, चेतना और करुणा
अध्याय 29आत्मा का आनुवांशिक स्वरूप

अध्याय 30अंतिम संवाद: जब जीवन स्वयं को देखता है
उपसंहार "जीन से आत्मा तक" — जीवन का पूर्ण वृत्त

1

? अध्याय 1

जीवन की आनुवांशिक कहानी

(The Genetic Story of Life)

? 1.1 जीवन का रहस्य — जिज्ञासा से विज्ञान तक

मनुष्य जब से इस धरती पर आया है, वह यह जानने की कोशिश करता रहा है —

“मैं कैसा दिखता हूँ?”, “मेरे बच्चे मेरे जैसे क्यों हैं?”,

“क्यों कुछ गुण पीढ़ी दर पीढ़ी चलते हैं?”

इन सवालों के उत्तर सदियों तक केवल विश्वास और परंपरा से दिए जाते रहे।

कहीं कहा गया कि गुण “आत्मा” के साथ आते हैं,

तो कहीं माना गया कि यह “रक्त” के साथ बहते हैं।

परंतु 19वीं शताब्दी में विज्ञान ने इस रहस्य को समझने की दिशा में पहला ठोस कदम उठाया।

वह कदम था — अनुवांशिकी (Genetics) की खोज का प्रारंभ।

? 1.2 मेंडल — मटर के पौधों में छिपा रहस्य

1850 के दशक में, ऑस्ट्रिया के एक छोटे से मठ में एक साधु ग्रेगर मेंडल (Gregor Mendel) मटर के पौधों पर प्रयोग कर रहे थे।

वह कोई प्रसिद्ध वैज्ञानिक नहीं थे — केवल एक जिज्ञासु व्यक्ति, जो यह समझना चाहता था कि

"जब दो पौधों को मिलाया जाता है, तो उनकी संतान में कौन-कौन से गुण प्रकट होते हैं?"

मेंडल ने अलग-अलग रंगों, आकारों और ऊँचाइयों वाले मटर पौधों को क्रॉस किया।

उन्होंने ध्यान दिया कि कुछ गुण हमेशा संतानों में दिखाई देते हैं, जबकि कुछ गायब होकर अगली पीढ़ी में लौट आते हैं।

उन्होंने 7 गुणों पर आधारित लगभग 29,000 प्रयोग किए और पाया कि —

हर गुण किसी "कण" (Particle) द्वारा नियंत्रित होता है।

आज हम उसी कण को कहते हैं — "जीन" (Gene)।

? मेंडल के तीन नियम:

विभाजन का नियम (Law of Segregation):

प्रत्येक गुण के दो कारक (alleles) होते हैं, जो प्रजनन के समय अलग हो जाते हैं।

स्वतंत्र वर्गीकरण का नियम (Law of Independent Assortment):

एक गुण का विरासत में जाना दूसरे गुण पर निर्भर नहीं करता।

प्रभावी और अप्रभावी लक्षण (Dominant-Recessive):

कुछ गुण प्रमुख होते हैं (जैसे ऊँचा पौधा), और कुछ अप्रभावी (जैसे बौना पौधा)।

उस समय मेंडल के प्रयोगों को कोई नहीं समझा।

1900 तक उनके कार्य को भुला दिया गया था।

परंतु 20वीं सदी की शुरुआत में जब वैज्ञानिकों ने उनके शोध को पुनः खोजा, तो "मेंडल" को आनुवांशिकी का जनक कहा गया।

? 1.3 "जीन" शब्द की उत्पत्ति

1909 में विल्हेम जोहानसन (Wilhelm Johannsen) ने पहली बार "जीन" शब्द का प्रयोग किया।

उन्होंने कहा —

"जीन वह मूल इकाई है जो किसी विशेष गुण को नियंत्रित करती है।"

धीरे-धीरे यह स्पष्ट हुआ कि प्रत्येक जीन कोशिका के नाभिक (Nucleus) के भीतर स्थित होता है और वह किसी विशेष प्रोटीन या लक्षण को निर्धारित करता है।

? 1.4 क्रोमोसोम — जीनों का घर

1902 में सटन और बोवेरी (Sutton & Boveri) ने यह सिद्ध किया कि जीन क्रोमोसोम पर स्थित होते हैं।

क्रोमोसोम वे धागेनुमा संरचनाएँ हैं जो प्रत्येक कोशिका के नाभिक में पाई जाती हैं।

मनुष्य में कुल 46 क्रोमोसोम (23 जोड़े) होते हैं।

इनमें से एक जोड़ा लिंग निर्धारण करता है (XX या XY)।

हर क्रोमोसोम में हजारों जीन होते हैं —

और हर जीन किसी न किसी गुण या प्रोटीन को नियंत्रित करता है।

? 1.5 डीएनए की खोज — जीवन का कोड

1953 में विज्ञान ने जीवन का सबसे बड़ा रहस्य उजागर किया।

जेम्स वॉटसन (James Watson) और फ्रांसिस क्रिक (Francis Crick) ने डीएनए की संरचना बताई।

परंतु उस खोज में एक और नाम बहुत महत्वपूर्ण था —

रोज़लिन फ्रैंकलिन (Rosalind Franklin) — जिन्होंने X-ray diffraction से डीएनए की सर्पिल संरचना का प्रमाण दिया।

उन्होंने दिखाया कि डीएनए एक डबल हेलिक्स (Double Helix) है —

दो लंबी श्रृंखलाएँ (Strands) जो एक-दूसरे के चारों ओर लिपटी हैं,

और चार बेसों — Adenine (A), Thymine (T), Guanine (G), Cytosine (C) — से बनी हैं।

हर बेस एक नियम से जुड़ा होता है:

A हमेशा T से, और G हमेशा C से जुड़ता है।

यही जुड़ाव जीवन का कोड बनाता है —

A, T, G, C की भाषा, जिससे प्रकृति ने हमें लिखा है।

? 1.6 डीएनए से जीन — और जीन से प्रोटीन

विज्ञान ने यह समझा कि जीन दरअसल डीएनए का वह खंड है जो एक विशेष प्रोटीन बनाने का निर्देश देता है।

यह प्रक्रिया कहलाती है —

जीन अभिव्यक्ति (Gene Expression)

इसमें दो चरण होते हैं:

Transcription: डीएनए की सूचना mRNA में कॉपी होती है।

Translation: mRNA के कोड से प्रोटीन बनता है।

प्रोटीन ही जीवन के निर्माण की आधारभूत ईकाई हैं —

वे कोशिकाओं की संरचना बनाते हैं, रासायनिक क्रियाएँ चलाते हैं, और जीवन को गति देते हैं।

इस प्रकार —

जीन → mRNA → प्रोटीन → गुणधर्म (Trait)

यानी, जीन हमारे अस्तित्व का मूल सूत्र है।

? 1.7 मानव जीनोम — हमारी आनुवांशिक पुस्तक

हर मनुष्य के भीतर लगभग 3 अरब बेस पेयर्स होते हैं, जो मिलकर उसका पूरा जीनोम (Genome) बनाते हैं।

हर व्यक्ति के जीनोम का 99.9% भाग एक जैसा होता है —

फिर भी 0.1% अंतर ही हमें अद्वितीय (unique) बनाता है।

2003 में पूर्ण हुई Human Genome Project (HGP) ने मानव जीवन का पूरा आनुवांशिक नक्शा तैयार किया।

अब हम जानते हैं —

मनुष्य के पास लगभग 20,000–25,000 जीन हैं।

इन जीनों में छिपी है —

हमारी ऊँचाई, आँखों का रंग, रोगों की प्रवृत्ति, और यहाँ तक कि हमारे व्यवहार की कुछ झलकियाँ भी।

? 1.8 जीनों की कहानी से जीवन की कहानी

जीन केवल प्रोटीन नहीं बनाते — वे समय को भी गढ़ते हैं।

क्योंकि हर पीढ़ी में जीन अपनी कहानी अगले शरीर में लिखते हैं।

कभी वे बदलते हैं (Mutation), कभी स्थिर रहते हैं,

और इसी निरंतरता से विकास (Evolution) की गाथा रची जाती है।

जीवन का इतिहास, असल में जीनों की यात्रा है।

हर पीढ़ी में जीन अपनी यादें, गलतियाँ और खोजें लेकर आगे बढ़ते हैं।

? 1.9 विज्ञान से दर्शन तक

जब हम यह समझते हैं कि जीवन एक कोड है —

तो यह प्रश्न उठता है: “कोड का लेखक कौन है?”

क्या यह केवल प्रकृति का संयोग है,

या इसके पीछे कोई बुद्धिमान व्यवस्था (Intelligent Design)?

विज्ञान कहता है —
जीन प्राकृतिक चयन से बने हैं।
परंतु दर्शन कहता है —
जीन केवल शरीर नहीं, चेतना की भी छाया हैं।
यह अध्याय हमें यह सोचने को प्रेरित करता है कि
"हम अपने जीनों के उत्पाद हैं — लेकिन हम उन्हें समझकर बदलने की क्षमता भी रखते हैं।"

? 1.10 निष्कर्ष

इस अध्याय से हमने जाना —
जीवन के गुण विरासत में मिलते हैं।
जीन इन गुणों की मूल इकाई हैं।
डीएनए वह लिपि है जिससे जीवन लिखा गया है।
मानव जीनोम हमारी पहचान का आनुवांशिक नक्शा है।
यह केवल विज्ञान नहीं, बल्कि आत्म-ज्ञान की भी यात्रा है —
क्योंकि जब हम अपने जीनों को समझते हैं,
तब हम स्वयं को समझने की दिशा में बढ़ते हैं।

? मुख्य विचार:

"हर जीन में एक कहानी है — जीवन की कहानी।"

2

? अध्याय 2

डीएनए की संरचना और कार्य

(Structure and Function of DNA)

? 2.1 डीएनए: जीवन की नींव

हर जीव — चाहे वह एककोशिकीय जीवाणु हो या जटिल मानव —
अपने अस्तित्व की योजना डीएनए (Deoxyribonucleic Acid) में संजोए रखता है।
डीएनए वह अणु है जो जीवन के हर रूप में पाया जाता है, और यह बताता है कि —
कोशिकाएँ कैसे विभाजित हों, कौन से प्रोटीन बनाएँ,
और किस समय कौन-से जीन सक्रिय या निष्क्रिय हों।
डीएनए हमारे शरीर का नीला-नक्शा (Blueprint) है।
यह वह कोड है जिसमें प्रकृति ने हमें लिखा है।

? 2.2 डीएनए की खोज — इतिहास के पन्नों से

डीएनए की खोज की कहानी लगभग एक सदी लंबी है।

1869: स्विस वैज्ञानिक फ्रेडरिक मीशर (Friedrich Miescher) ने कोशिकाओं के नाभिक से एक पदार्थ निकाला जिसे उन्होंने “Nuclein” कहा — यही आगे चलकर डीएनए साबित हुआ।

1944: एवरी, मैकलिओड और मैककार्टी ने सिद्ध किया कि डीएनए ही वह पदार्थ है जो वंशानुगत सूचना (Hereditary Material) वहन करता है।

1952: हर्शे और चेज़ प्रयोग ने यह निर्णायक रूप से सिद्ध किया कि डीएनए ही आनुवंशिक सामग्री है, प्रोटीन नहीं।

इन खोजों के बाद विज्ञान ने उस अणु की संरचना को समझने की दिशा में कदम बढ़ाया,
जो हर जीवन की जड़ में था।

? 2.3 डबल हेलिक्स: जीवन की सर्पिल सीढ़ी

1953 में जेम्स वॉटसन और फ्रांसिस क्रिक,
रोज़लिन फ्रैंकलिन की X-ray diffraction छवियों की सहायता से,
डीएनए की सही संरचना समझने में सफल हुए।
उन्होंने पाया कि डीएनए एक डबल हेलिक्स (Double Helix) है —
दो लंबी श्रृंखलाएँ (Strands) जो एक-दूसरे के चारों ओर घूमी हुई हैं,
बिलकुल एक घुमावदार सीढ़ी की तरह।

? संरचना के मुख्य घटक:

फॉस्फेट समूह (Phosphate group)
डीऑक्सीराइबोज शुगर (Deoxyribose Sugar)
नाइट्रोजनस बेस (Nitrogenous Bases)
प्रत्येक बेस, शुगर और फॉस्फेट मिलकर बनाते हैं — न्यूक्लियोटाइड,
जो डीएनए की मूल इकाई है।

? 2.4 डीएनए की भाषा — चार अक्षरों का कोड

डीएनए केवल चार प्रकार के बेसों से बना होता है —
A (Adenine)
T (Thymine)
G (Guanine)
C (Cytosine)
इनका संयोजन किसी पुस्तक के अक्षरों की तरह होता है,
और इन अक्षरों का क्रम यह तय करता है कि कौन-सा प्रोटीन बनेगा।
डीएनए की डबल हेलिक्स में बेस इस प्रकार जुड़ते हैं —
A हमेशा T से

G हमेशा C से

यह जुड़ाव हाइड्रोजन बॉन्ड से होता है —

A–T के बीच दो बॉन्ड,

G–C के बीच तीन बॉन्ड।

यही नियम डीएनए की स्थिरता और स्वयं-प्रतिलिपि (Replication) की क्षमता को संभव बनाता है।

? 2.5 डीएनए की श्रृंखला — दिशा और व्यवस्था

प्रत्येक डीएनए श्रृंखला का एक सिरा 5‘ (फाइव-प्राइम) और दूसरा 3’ (थ्री-प्राइम) कहलाता है।

यह दिशा उस समय बहुत महत्वपूर्ण होती है जब डीएनए प्रतिलिपि बनाता है या जीन अभिव्यक्त होते हैं।

दोनों श्रृंखलाएँ विपरीत दिशा (Antiparallel) में चलती हैं —

यानी एक 5‘→3’ तो दूसरी 3‘→5’ दिशा में।

यह व्यवस्था डीएनए को अद्भुत स्थायित्व देती है,

और इसकी प्रतिकृति (Replication) को सटीक बनाती है।

? 2.6 डीएनए प्रतिकृति (Replication) — जीवन की नकल

डीएनए में जीवन की सबसे अद्भुत विशेषता है —

स्वयं की सटीक प्रतिलिपि बनाना।

यह प्रक्रिया कोशिका विभाजन से पहले होती है ताकि हर नई कोशिका को समान आनुवांशिक सूचना मिल सके।

? प्रक्रिया के चरण:

Helicase एंजाइम डीएनए की दोनों श्रृंखलाओं को खोलता है।

Primase नई श्रृंखला की शुरुआत करता है।

DNA Polymerase पुराने टेम्पलेट के आधार पर नई श्रृंखला बनाता है।

Ligase सभी हिस्सों को जोड़कर पूर्ण डबल हेलिक्स बनाता है।

यह प्रक्रिया इतनी सटीक है कि लाखों न्यूक्लियोटाइड्स की प्रतिलिपि बनाते समय त्रुटि की संभावना लगभग 1 अरब में एक होती है।

? 2.7 डीएनए और जीन का संबंध

डीएनए का पूरा अणु बहुत लंबा होता है,
परंतु केवल उसका कुछ भाग ही कार्यशील जीन होता है।
प्रत्येक जीन डीएनए का एक ऐसा खंड है
जो किसी विशेष प्रोटीन बनाने का निर्देश देता है।
बाकी भाग को पहले "जंक डीएनए" कहा जाता था,
पर अब पता चला है कि ये भाग नियमन (Regulation) में मदद करते हैं —
कौन-सा जीन कब और कहाँ सक्रिय होगा, यह तय करते हैं।

? 2.8 जीन कोड — जीवन की भाषा का व्याकरण

डीएनए की भाषा तीन-तीन बेसों के समूहों में पढ़ी जाती है,
जिन्हें कहते हैं — कोडॉन (Codon)।
हर कोडॉन एक अमीनो एसिड को दर्शाता है।
64 संभावित कोडॉनों के संयोजन से 20 प्रकार के अमीनो एसिड बनते हैं,
जो मिलकर प्रोटीन की श्रृंखला बनाते हैं।
उदाहरण:
AUG → Methionine (आरंभ संकेत)
UAA, UAG, UGA → Stop codons (समाप्ति संकेत)
यह भाषा सर्वव्यापी है —
हर जीव, हर कोशिका यही कोड बोलती है।
यही कारण है कि एक मानव जीन बैक्टीरिया में भी कार्य कर सकता है —
क्योंकि जीवन का व्याकरण सार्वभौमिक है।

? 2.9 डीएनए से आरएनए — सूचना का स्थानांतरण

डीएनए कभी सीधे प्रोटीन नहीं बनाता।
यह केवल निर्देश देता है, जिन्हें एक संदेशवाहक आगे ले जाता है —
वह संदेशवाहक है mRNA (Messenger RNA)।
प्रक्रिया:
Transcription:
डीएनए के एक खंड की प्रति mRNA के रूप में बनती है।
Translation:
mRNA को राइबोसोम पढ़ता है और अमीनो एसिड जोड़कर प्रोटीन बनाता है।

यह संपूर्ण प्रक्रिया कहलाती है —
"Central Dogma of Molecular Biology"
(DNA → RNA → Protein)

? 2.10 डीएनए का संरक्षण — मरम्मत प्रणाली

डीएनए निरंतर पर्यावरणीय कारकों जैसे UV विकिरण, रसायनों या ऑक्सीडेटिव तनाव से क्षतिग्रस्त होता है।

परंतु कोशिका में अद्भुत मरम्मत प्रणाली (DNA Repair Mechanisms) होती है —
जो त्रुटियों को पहचानकर सुधार देती है।
मुख्य प्रकार:
Base Excision Repair
Nucleotide Excision Repair
Mismatch Repair
इन प्रणालियों के कारण ही हम जीनोमिक स्थिरता बनाए रखते हैं।
यदि ये विफल हों — तो उत्परिवर्तन (Mutation) होता है,
जो कैंसर या अन्य आनुवांशिक रोगों का कारण बन सकता है।

? 2.11 डीएनए का कार्य — केवल सूचना नहीं

डीएनए केवल सूचना का भंडार नहीं है।

यह एक सक्रिय नियंत्रण प्रणाली भी है —
जो यह तय करती है कि कौन-से जीन चालू होंगे और कौन-से नहीं।
यह नियंत्रण कई कारकों से प्रभावित होता है:
कोशिका का प्रकार
पर्यावरणीय संकेत
विकास की अवस्था
रासायनिक टैग (Epigenetic markers)
इसलिए एक ही डीएनए होने पर भी
त्वचा, मस्तिष्क, और मांसपेशी कोशिकाएँ अलग-अलग कार्य करती हैं।

? 2.12 निष्कर्ष

डीएनए — एक अणु मात्र नहीं, बल्कि जीवन का वास्तुकार है।

यह चार अक्षरों की भाषा में लिखा गया एक अनंत ग्रंथ है,

जिसे प्रकृति ने अरबों वर्षों में विकसित किया है।
डीएनए बताता है कि हम कौन हैं,
पर हम यह तय करते हैं कि हम क्या बनेंगे।

? *मुख्य विचारः*

"डीएनए वह लिपि है, जिससे प्रकृति ने जीवन लिखा —
और विज्ञान अब उसे पढ़ना सीख रहा है।"

3

? अध्याय 3

मानव जीनोम परियोजना

(The Human Genome Project)

? 3.1 परिचय — मानव जीवन का नक्शा

हर जीव के शरीर में उसकी समस्त जैविक जानकारी एक कोड के रूप में लिखी होती है —
वह कोड है डीएनए।
मनुष्य में यह कोड लगभग 3 अरब बेस-पेयर लंबा होता है।
हर व्यक्ति के भीतर यह पूरा आनुवांशिक दस्तावेज़ छिपा है,
परंतु 20वीं सदी के अंत तक हमें पता नहीं था कि इसमें कितने जीन हैं,
कौन-से भाग "कोड" करते हैं,
और कौन-से "मौन" हैं।

इन रहस्यों को जानने के लिए विज्ञान ने इतिहास का सबसे बड़ा जैविक प्रोजेक्ट शुरू किया —

"The Human Genome Project (HGP)"
जिसका लक्ष्य था —
"मानव के संपूर्ण डीएनए अनुक्रम को पढ़ना और प्रत्येक जीन की पहचान करना।"

? 3.2 परियोजना की शुरुआत — एक वैश्विक अभियान

1980 के दशक के उत्तरार्ध में यह विचार उभरा कि
यदि हम पूरे मानव डीएनए को पढ़ लें,
तो हम न केवल रोगों के मूल कारणों को समझ पाएँगे,
बल्कि हर व्यक्ति के आनुवांशिक स्वास्थ्य का मानचित्र बना सकेंगे।
1988 में U.S. Department of Energy और National Institutes of Health (NIH) ने
इस परियोजना की योजना तैयार की।
1990 में औपचारिक रूप से HGP शुरू हुआ —
एक अंतरराष्ट्रीय सहयोग के रूप में, जिसमें शामिल थे:
? 16 प्रमुख संस्थान, जैसे —
अमेरिका
ब्रिटेन (Wellcome Trust)
जापान
फ्रांस
जर्मनी
चीन
यह परियोजना 13 वर्षों (1990–2003) तक चली
और इसे "21वीं सदी का जीवविज्ञान मिशन" कहा गया।

? 3.3 उद्देश्य (Goals)

HGP के प्रमुख उद्देश्य पाँच थे:
पूरा डीएनए अनुक्रम निर्धारित करना (Sequencing):
लगभग 3 अरब बेस पेयर्स का क्रम पढ़ना।
सभी जीनों की पहचान:
कितने जीन हैं, और वे कहाँ स्थित हैं।
डेटा संग्रहण और विश्लेषण:
आनुवांशिक जानकारी को डिजिटली संरक्षित करना।
प्रौद्योगिकी विकास:
नई तकनीकें विकसित करना जो तेज़ और सस्ती हों।
नैतिक, कानूनी और सामाजिक परिणाम (ELSI):
इस परियोजना के नैतिक प्रभावों पर चर्चा।

? 3.4 प्रक्रिया — डीएनए पढ़ने की यात्रा

मानव डीएनए को पढ़ना आसान नहीं था।

यह 23 जोड़े क्रोमोसोमों में फैला है, और प्रत्येक क्रोमोसोम में लाखों बेस-पेयर होते हैं।
इस चुनौती को पूरा करने के लिए वैज्ञानिकों ने दो रणनीतियाँ अपनाईं:
1?? Hierarchical Shotgun Sequencing
डीएनए को पहले बड़े टुकड़ों में बाँटा गया,
फिर उन टुकड़ों को छोटे हिस्सों में तोड़कर क्रमवार पढ़ा गया।
2?? Whole Genome Shotgun Method (Craig Venter का दृष्टिकोण)
पूरे जीनोम को एक साथ तोड़ा गया और कंप्यूटर एल्गोरिद्म से जोड़ा गया।
इन दोनों तरीकों का संयोजन अंततः सबसे प्रभावी साबित हुआ।

? 3.5 तकनीकी आधार

? DNA Sequencing Machines (Automated Sequencers):
Capillary electrophoresis आधारित मशीनें जो प्रति दिन लाखों बेस पढ़ सकती थीं।
? Bioinformatics:
विशाल डेटा को समझने और जोड़ने के लिए विकसित सॉफ्टवेयर।
? GenBank और Ensembl Databases:
जहाँ प्राप्त डेटा को ऑनलाइन सार्वजनिक किया गया —
ताकि कोई भी वैज्ञानिक विश्वभर में उसका उपयोग कर सके।

? 3.6 प्रमुख खोजें

2001 में, परियोजना के प्रथम ड्राफ्ट परिणाम प्रकाशित हुए।
2003 में, 50वीं वर्षगाँठ (DNA की खोज) के अवसर पर,
HGP को सफलतापूर्वक पूर्ण घोषित किया गया।
मुख्य खोजें:
मनुष्य के पास लगभग 20,000–25,000 जीन हैं।
(पहले अनुमान था कि 1,00,000 से अधिक होंगे।)
3 अरब बेस पेयर में से केवल 1.5% भाग कोड करता है (प्रोटीन बनाता है)।
बाकी 98.5% को पहले "जंक डीएनए" कहा गया —
पर अब ज्ञात हुआ है कि वे जीन नियमन में भूमिका निभाते हैं।
मनुष्य और चिम्पांज़ी में 98.7% जीन समान हैं।
सभी मनुष्यों का जीनोम 99.9% समान है,
केवल 0.1% भिन्नता ही हमें अद्वितीय बनाती है।

मानव जीनोम में लगभग 3 करोड़ SNPs (Single Nucleotide Polymorphisms) हैं
—
जो रोग, दवा प्रतिक्रिया और शारीरिक भिन्नता निर्धारित करते हैं।

? 3.7 भारत की भूमिका

भारत भी इस परियोजना का महत्वपूर्ण हिस्सा था।
बाद में भारतीय वैज्ञानिकों ने अपनी स्वतंत्र पहल "Indian Genome Variation Project" (2003) शुरू की,
जिसमें विभिन्न जातीय समूहों का आनुवांशिक अध्ययन किया गया।
अब भारत में चल रही परियोजना "Genome India Initiative"
10,000 से अधिक व्यक्तियों का जीनोमिक प्रोफ़ाइल तैयार कर रही है।
इससे देश के व्यक्तिगत चिकित्सा (Personalized Medicine) और
रोग-विशेष आनुवांशिकी के क्षेत्र में नई संभावनाएँ खुली हैं।

? 3.8 नैतिक और सामाजिक प्रभाव (ELSI)

जीनोमिक डेटा से जुड़ी सबसे बड़ी चुनौती है — नैतिकता।
प्रश्न:
क्या किसी व्यक्ति के जीनोम डेटा को सार्वजनिक किया जाना चाहिए?
क्या नियोक्ता या बीमा कंपनियाँ इस डेटा का दुरुपयोग कर सकती हैं?
क्या भ्रूण के जीन देखकर चयन उचित है?
इन प्रश्नों के उत्तर के लिए HGP ने ELSI Program शुरू किया,
जो आज भी "Genomic Ethics" के रूप में कार्यरत है।

? 3.9 वैज्ञानिक और चिकित्सा प्रभाव

? रोगों की पहचान:
अब सैकड़ों आनुवांशिक रोगों के लिए जीन-आधारित परीक्षण उपलब्ध हैं।
? दवा विकास:
फार्माकोजीनोमिक्स ने जीन के आधार पर दवाएँ विकसित करना संभव किया।
??? जीन थेरेपी:
अब जीन के स्तर पर रोगों का उपचार संभव है।
? व्यक्तिगत चिकित्सा:
हर व्यक्ति की आनुवांशिक प्रोफ़ाइल के अनुसार उपचार।

? 3.10 मानवता के लिए क्रांतिकारी योगदान

Human Genome Project ने हमें केवल जानकारी नहीं दी —
इसने जीवन को देखने का नजरिया बदल दिया।
अब हम जानते हैं कि हर व्यक्ति के भीतर एक “जीववैज्ञानिक हस्ताक्षर” है,
और हर रोग की जड़ किसी न किसी जीन में छिपी है।
इस परियोजना ने बायोटेक्नोलॉजी, न्यूरोजेनेटिक्स, विकासवाद,
और यहाँ तक कि अपराध विज्ञान में भी क्रांति ला दी।

? 3.11 भविष्य की दिशा

HGP की सफलता के बाद अब विज्ञान “Beyond Genome” की ओर बढ़ रहा है —
यानि अब केवल जीन नहीं, बल्कि एपिजेनेटिक्स, ट्रांसक्रिप्टोमिक्स, प्रोटीओमिक्स जैसे क्षेत्र विकसित हो रहे हैं।
इसके अलावा, अब नई पहलें हैं:
1000 Genomes Project
Human Epigenome Project
The Cancer Genome Atlas (TCGA)
Genome India Initiative
भविष्य का लक्ष्य है —
हर व्यक्ति का डिजिटल “Genomic ID Card”,
जिससे उसकी संपूर्ण आनुवांशिक जानकारी चिकित्सा में उपयोग हो सके।

? 3.12 निष्कर्ष

Human Genome Project ने जीवन की सबसे गहरी परतों को उजागर किया।
यह केवल विज्ञान की उपलब्धि नहीं,
बल्कि मानव आत्म-ज्ञान की दिशा में एक कदम है।
“हमने अपने जीन पढ़े, और पाया —
जीवन ब्रह्मांड का सबसे सुंदर कोड है।”

? मुख्य विचार:

“मानव जीनोम परियोजना ने हमें स्वयं से परिचित कराया।”

4

? अध्याय 4

मेंडेलियन आनुवांशिकी

(Mendelian Genetics: The Laws of Inheritance)

? 4.1 परिचय — विरासत का रहस्य

हर पीढ़ी में हम देखते हैं कि बच्चे अपने माता-पिता जैसे दिखते हैं —
कभी माँ की आँखें, कभी पिता की मुस्कान,
कभी दादा के बाल, कभी नानी की हँसी।
ये समानताएँ संयोग नहीं हैं —
बल्कि इनका नियंत्रण जीनों के हस्तांतरण (Genetic Inheritance) द्वारा होता है।
मेंडल ने पहली बार यह स्पष्ट किया कि
"गुण एक पीढ़ी से दूसरी पीढ़ी में विशिष्ट नियमों के अनुसार जाते हैं।"
उनके प्रयोगों ने आनुवांशिकी को गणितीय आधार दिया,
और उन्होंने बताया कि वंशानुगति कोई रहस्य नहीं,
बल्कि एक संरचित वैज्ञानिक प्रक्रिया है।

? 4.2 मेंडल के प्रयोग — मटर के पौधे से सिद्धांत तक

मेंडल ने अपने प्रयोगों के लिए मटर (Pisum sativum) चुना क्योंकि:
इसके स्पष्ट पहचानने योग्य गुण होते हैं (रंग, आकार, ऊँचाई)

यह जल्दी बढ़ता है और आत्म-परागण करता है
संकरण (crossing) करना आसान होता है
उन्होंने लगभग 7 लक्षणों का अध्ययन किया:
बीज का आकार (गोल / सिकुड़ा हुआ)
बीज का रंग (पीला / हरा)
फूल का रंग (बैंगनी / सफेद)
फल का आकार
फल का रंग
फूल की स्थिति
पौधे की ऊँचाई
उन्होंने दो शुद्ध किस्मों को क्रॉस किया और देखा —
पहली पीढ़ी (F_1) में केवल एक लक्षण दिखाई देता है,
पर दूसरी पीढ़ी (F_2) में दोनों लक्षण लौट आते हैं — 3:1 के अनुपात में।
इससे उन्होंने पाया कि —
हर गुण के दो कारक होते हैं, और वे स्वतंत्र रूप से संचरित होते हैं।

? 4.3 मेंडल के तीन नियम

? 1?? विभाजन का नियम (Law of Segregation)

प्रत्येक गुण के दो “जीन कारक” (Alleles) होते हैं —
जो प्रजनन के समय अलग-अलग (segregate) हो जाते हैं।
उदाहरण:
यदि एक पौधे के पास “Tt” (एक ऊँचाई के लिए प्रमुख, एक बौनेपन के लिए अप्रभावी) जीन हैं,
तो उसके गैमेट्स में “T” और “t” अलग-अलग चले जाएँगे।
? परिणाम:
F_1 पीढ़ी में सभी पौधे ऊँचे होंगे,
परंतु F_2 में अनुपात होगा —
3 ऊँचे : 1 बौना
यह मेंडल की पहली खोज थी —
हर लक्षण के लिए दो जीन होते हैं, और वे विभाजित होकर संतान में आते हैं।

? 2?? स्वतंत्र वर्गीकरण का नियम (Law of Independent Assortment)

जब दो या अधिक गुण एक साथ विरासत में जाते हैं,
तो एक गुण का चयन दूसरे पर निर्भर नहीं करता।
उदाहरण:
बीज का रंग (पीला/हरा) और आकार (गोल/सिकुड़ा) —
दोनों गुण अलग-अलग वर्गीकृत होते हैं।
इससे मेंडल ने यह पाया कि
हर गुण के जीन अपने आप में स्वतंत्र रूप से संतान में स्थानांतरित होते हैं।
? परिणाम:
F_2 पीढ़ी में 9:3:3:1 का अनुपात देखा गया।

? 3?? प्रभुत्व का नियम (Law of Dominance)

जब दो विपरीत जीन (Alleles) एक साथ उपस्थित होते हैं,
तो केवल प्रमुख (Dominant) गुण प्रकट होता है।
उदाहरण:
"Tt" में "T" (ऊँचाई वाला जीन) प्रमुख है,
"Tt" पौधा ऊँचा ही दिखेगा,
जबकि "t" (बौना जीन) अप्रभावी रह जाएगा।
इस प्रकार —
प्रमुख जीन हमेशा अपनी अभिव्यक्ति में हावी रहता है।
? 4.4 जीन, एलील और गुण (Genes, Alleles & Traits)
हर जीन का कोई रूपांतर (Allele) होता है —
जो समान गुण के दो संभावित रूप दर्शाता है।
उदाहरण:
"T" = ऊँचाई
"t" = बौना
प्रत्येक जीव के पास हर गुण के लिए दो एलील होते हैं —
एक पिता से, एक माता से।
TT — समजात प्रमुख (Homozygous Dominant)
tt — समजात अप्रभावी (Homozygous Recessive)
Tt — विषमजात (Heterozygous)

? 4.5 Punnett Square — आनुवांशिक पूर्वानुमान का साधन

Reginald Punnett ने एक गणितीय उपकरण विकसित किया —
जो बताता है कि किसी संकरण से कौन-सी संतानें मिलेंगी।
उदाहरण:
यदि "Tt × Tt" का संकरण हो —
T t
T TT Tt
t Tt tt
परिणाम:
1 TT (ऊँचा)
2 Tt (ऊँचे)
1 tt (बौना)
? अनुपात:
3 ऊँचे : 1 बौना
यह Punnett Square आनुवांशिक पूर्वानुमान का आधार बन गया।

? 4.6 अपूर्ण प्रभुत्व (Incomplete Dominance)

मेंडल के सभी नियम हर स्थिति में लागू नहीं होते।
कभी-कभी कोई जीन पूरी तरह प्रमुख नहीं होता।
उदाहरण:
गुलाब का रंग (Red × White → Pink)
इसमें लाल जीन और सफेद जीन का मिश्रण होकर गुलाबी संतान बनती है।
? इसे कहते हैं — Incomplete Dominance
जहाँ मध्यवर्ती गुण प्रकट होता है।

? 4.7 सह-प्रभुत्व (Co-Dominance)

कभी दोनों जीन समान रूप से अभिव्यक्त होते हैं।
उदाहरण:
AB रक्त समूह —
A और B दोनों एलील एक साथ व्यक्त होते हैं।
यह दर्शाता है कि जीन अभिव्यक्ति केवल "एक जीत–एक हार" का खेल नहीं,
बल्कि सहयोग का भी है।

? 4.8 बहु-एलील और बहुगुणीय विरासत

Multiple Alleles:
एक जीन के दो से अधिक रूप हो सकते हैं।
उदाहरण: ABO Blood Group (IA, IB, i)
Polygenic Inheritance:
कई जीन मिलकर एक गुण निर्धारित करते हैं।
उदाहरण: त्वचा का रंग, ऊँचाई, वजन
इन मामलों में परिणाम निरंतर (Continuous) होते हैं —
क्योंकि अनेक जीन मिलकर प्रभाव डालते हैं।

? 4.9 मेंडल की सीमाएँ

मेंडल का कार्य बुनियादी था,
पर आज हम जानते हैं कि आनुवांशिकी कहीं अधिक जटिल है।
सीमाएँ:
जीन हमेशा स्वतंत्र नहीं चलते (Linkage)
जीन वातावरण से प्रभावित होते हैं (Epigenetics)
कई गुण कई जीनों पर निर्भर करते हैं
माइटोकॉन्ड्रियल डीएनए में अलग नियम लागू होते हैं
फिर भी, मेंडल के नियम आनुवांशिकी की नींव हैं —
बिलकुल न्यूटन के गति नियमों की तरह।

? 4.10 आधुनिक संदर्भ में मेंडल

आज के जीनोमिक युग में भी,
मेंडल के नियम बुनियादी सिद्धांत हैं।
चाहे हम CRISPR तकनीक से जीन संपादन करें
या Pharmacogenomics से दवाएँ बनाएं —
हर प्रयोग में मेंडल की गणितीय सोच आज भी जीवित है।
"मेंडल ने जो देखा था,
वही आज हम परमाणु स्तर पर समझ रहे हैं।"

? 4.11 निष्कर्ष

मेंडल ने यह सिखाया कि

"विरासत कोई जादू नहीं, बल्कि एक संरचित प्रक्रिया है।"
उनके प्रयोगों ने आनुवांशिकी को गणितीय और पूर्वानुमेय विज्ञान बनाया।
उनके नियम आज भी प्रत्येक जीन की भाषा में गूँजते हैं।

? *मुख्य विचार:*

"हर पीढ़ी में जो कहानी दोहराई जाती है —
वह मेंडल के नियमों से लिखी जाती है।"

5

? अध्याय 5

क्रोमोसोम और जीन मानचित्रण

(Chromosomes and Gene Mapping)

? 5.1 परिचय — जीन कहाँ रहते हैं?

मेंडल ने यह तो बताया कि जीन विरासत के मूल तत्व हैं,
लेकिन उन्होंने यह नहीं जाना कि वे शरीर में कहाँ स्थित हैं।
20वीं सदी की शुरुआत में वैज्ञानिकों ने देखा कि
कोशिका विभाजन (Cell Division) के दौरान क्रोमोसोम (Chromosomes)
विशिष्ट तरीके से व्यवहार करते हैं —
ठीक उसी प्रकार जैसे मेंडल के "कारक"।
इससे स्पष्ट हुआ —
"जीन क्रोमोसोम पर स्थित होते हैं।"
इसी खोज ने आनुवांशिकी को भौतिक आधार (Physical Basis) प्रदान किया।

? 5.2 क्रोमोसोम: जीवन की लघु लाइब्रेरी

क्रोमोसोम कोशिका के नाभिक (Nucleus) में पाए जाने वाले धागेनुमा ढाँचे हैं।
इनमें डीएनए और प्रोटीन (Histones) होते हैं।
हर क्रोमोसोम में सैकड़ों से लेकर हजारों जीन होते हैं।
? मनुष्य के क्रोमोसोम:
कुल 46 क्रोमोसोम (23 जोड़े)

22 जोड़े ऑटोसोम (Autosomes)
1 जोड़ा लिंग क्रोमोसोम (Sex Chromosomes)
पुरुष: XY, महिला: XX
हर माता-पिता से एक सेट (23) आता है,
इसलिए हर गुण दो जीनों द्वारा नियंत्रित होता है —
एक मातृ, एक पितृ।

? 5.3 क्रोमोसोम सिद्धांत (Chromosomal Theory of Inheritance)

1902 में Walter Sutton और Theodor Boveri ने प्रस्तावित किया कि —
"मेंडल के जीन वास्तव में क्रोमोसोम पर स्थित हैं।"
इस सिद्धांत के अनुसार:
जीन क्रोमोसोम पर पंक्तिबद्ध रहते हैं।
प्रजनन के समय क्रोमोसोम विभाजित होकर गैमेट्स में जाते हैं।
प्रत्येक जीन का स्थान निश्चित होता है (Locus)।
? इस प्रकार, जीन की विरासत क्रोमोसोम के व्यवहार पर निर्भर करती है।

? 5.4 जीन का स्थान — लोकस (Locus)

हर जीन का क्रोमोसोम पर एक विशिष्ट पता होता है,
जिसे कहते हैं — Locus (लोकेशन)
उदाहरण:
मान लीजिए "आँखों का रंग" नियंत्रित करने वाला जीन
क्रोमोसोम 15 पर स्थित है,
तो उसका locus होगा — 15q13.1
"15" = क्रोमोसोम संख्या
"q" = लंबी भुजा (short arm: p, long arm: q)
"13.1" = उस भुजा का स्थान
इसी प्रकार, प्रत्येक जीन का एक सटीक पता होता है।

? 5.5 लिंकज (Linkage) — साथ विरासत में जाने वाले जीन

मेंडल ने कहा था कि हर जीन स्वतंत्र रूप से विरासत में जाता है।
लेकिन 1905 में William Bateson और Reginald Punnett ने पाया कि

कुछ गुण हमेशा साथ-साथ विरासत में जाते हैं।

बाद में Thomas Hunt Morgan ने फल मक्खी (Drosophila melanogaster) पर अध्ययन करते हुए बताया —

"जो जीन एक ही क्रोमोसोम पर पास-पास होते हैं,
वे साथ में विरासत में जाते हैं।"

इसे कहा गया — Linkage

? उदाहरण:

यदि लाल आँख और लम्बे पंख के जीन एक ही क्रोमोसोम पर पास हैं,
तो वे एक साथ अगली पीढ़ी में जाएँगे।

जितने पास जीन होंगे,
उनके "एक साथ रहने" की संभावना उतनी अधिक होगी।

? 5.6 रिकॉम्बिनेशन (Recombination) — विविधता का रहस्य

जब मीओसिस (Meiosis) के दौरान समजात क्रोमोसोम जोड़े बनाते हैं,
तो वे Crossing Over नामक प्रक्रिया से अपने हिस्से आपस में बदल लेते हैं।
इससे नये जीन संयोजन (New Gene Combinations) बनते हैं —
जो आनुवांशिक विविधता (Genetic Variation) का मुख्य स्रोत हैं।

? Crossing over Prophase I चरण में होता है।

जिन जीनों के बीच अधिक दूरी होती है,
उनमें Recombination की संभावना अधिक होती है।

? 5.7 लिंकज मानचित्र (Linkage Map)

Thomas Hunt Morgan और उनके छात्र Alfred Sturtevant
ने 1913 में पहली बार जीनों का लिंकज मानचित्र बनाया।

उन्होंने कहा —

"जीनों की आपसी दूरी को Recombination Frequency से मापा जा सकता है।"

सूत्र:

\text{Recombination Frequency (%) = (Recombinant offspring / Total offspring) × 100}

1% Recombination Frequency = 1 Map Unit (centimorgan, cM)

? यदि दो जीनों के बीच 10% recombination हो,
तो उनकी दूरी = 10 cM मानी जाएगी।

? 5.8 जीन मानचित्रण (Gene Mapping)

Gene Mapping वह प्रक्रिया है जिसमें
किसी जीन का क्रोमोसोम पर स्थान निर्धारित किया जाता है।
यह दो प्रकार से किया जा सकता है:
1?? आनुवांशिक मानचित्रण (Genetic Mapping)
जीनों के बीच Recombination Frequency के आधार पर
"Linkage Maps" तैयार किए जाते हैं
2?? भौतिक मानचित्रण (Physical Mapping)
वास्तविक DNA अनुक्रम के आधार पर
"Genome Maps" (Base Pair Resolution) तैयार किए जाते हैं

? 5.9 मानव जीन मानचित्र

मानव जीनोम परियोजना (HGP) के बाद,
हम अब प्रत्येक जीन का सटीक पता जानते हैं।
उदाहरण:
CFTR gene (Cystic Fibrosis) — Chromosome 7q31.2
BRCA1 (Breast Cancer gene) — Chromosome 17q21
HBB (Hemoglobin Beta) — Chromosome 11p15.5
अब किसी रोग से जुड़े जीन की पहचान कुछ घंटों में की जा सकती है।

? 5.10 क्रॉसिंग ओवर के प्रमाण

Morgan के प्रयोगों में देखा गया कि
फल मक्खियों में आँखों का रंग और पंखों का आकार
मेंडेल के नियमों का पालन नहीं करता।
उन्होंने पाया —
इन दोनों गुणों के जीन एक ही क्रोमोसोम पर थे।
परंतु कभी-कभी क्रॉसिंग ओवर के कारण
नए संयोजन उत्पन्न हो जाते थे।
? इससे यह सिद्ध हुआ —
Recombination क्रोमोसोम के भीतर Crossing Over से होता है।

? 5.11 लिंग क्रोमोसोम और सेक्स लिंकज

कुछ जीन केवल X या Y क्रोमोसोम पर पाए जाते हैं —
इन्हें कहते हैं Sex-Linked Genes।
उदाहरण:
हीमोफीलिया (Hemophilia) — X-linked recessive
कलर ब्लाइंडनेस (Color Blindness) — X-linked
पुरुषों में X क्रोमोसोम एक ही होता है (XY),
इसलिए ये रोग पुरुषों में अधिक दिखते हैं।

? 5.12 क्रोमोसोम असामान्यताएँ

कभी-कभी क्रोमोसोम की संख्या या संरचना बदल जाती है —
इसे कहते हैं Chromosomal Aberrations।
मुख्य प्रकार:
Deletion: कोई भाग हट जाना
Duplication: किसी भाग की पुनरावृत्ति
Inversion: भाग उलट जाना
Translocation: भाग का किसी दूसरे क्रोमोसोम में जाना
? उदाहरण:
Down Syndrome: Chromosome 21 की अतिरिक्त प्रति (Trisomy 21)
Turner Syndrome (XO)
Klinefelter Syndrome (XXY)
? 5.13 आनुवांशिक विविधता का आधार
Linkage और Recombination ही वह दो प्रक्रियाएँ हैं
जो जीवों में अनंत विविधता लाती हैं।
हर संतान में जीनों का नया संयोजन बनता है,
और यही विकास (Evolution) की नींव है।
यदि Crossing Over न होती,
तो हर पीढ़ी अपने माता-पिता की प्रतिलिपि होती।

? 5.14 निष्कर्ष

इस अध्याय से हमने जाना —
जीन क्रोमोसोम पर स्थित होते हैं।

उनके स्थान को “Locus” कहा जाता है।
पास-पास स्थित जीन “Linked” होते हैं।
Crossing Over से नई आनुवांशिक विविधता उत्पन्न होती है।
Gene Mapping जीनों की स्थिति और दूरी बताता है।
“क्रोमोसोम जीवन का नक्शा हैं,
और जीन उसमें लिखे शब्द।”

? मुख्य विचार:

“हर गुण का एक पता होता है —
और वह पता क्रोमोसोम पर लिखा होता है।”

6

? अध्याय 6

जीन उत्परिवर्तन

(Gene Mutation: The Engine of Evolution)

? 6.1 परिचय — परिवर्तन ही जीवन है

हर जीव अपने माता-पिता जैसा दिखता है,
पर सटीक प्रतिलिपि नहीं होता।
कभी-कभी सूक्ष्म अंतर होते हैं —
जो पीढ़ी दर पीढ़ी फैलते हैं और नई विविधता उत्पन्न करते हैं।
यह अंतर क्यों होता है?
क्योंकि जीन कभी-कभी बदल जाते हैं (Mutate)।
"Mutation वह प्रक्रिया है, जिससे जीन का डीएनए अनुक्रम बदल जाता है।"
कभी ये परिवर्तन हानिकारक होते हैं (रोग उत्पन्न करते हैं),
कभी लाभदायक (नया गुण देते हैं),
और कभी तटस्थ (कोई प्रभाव नहीं डालते)।
वास्तव में, Mutation ही विकास का कच्चा माल (Raw Material) है।

? 6.2 उत्परिवर्तन की परिभाषा

"जीन उत्परिवर्तन (Mutation) वह स्थायी परिवर्तन है

जो डीएनए अनुक्रम में किसी बेस के क्रम या संरचना में होता है।"
यह परिवर्तन एक एकल न्यूक्लियोटाइड से लेकर
पूरे क्रोमोसोम तक हो सकता है।
? Mutations दो स्तरों पर होते हैं:
1?? जीन उत्परिवर्तन (Gene Mutation) — DNA स्तर पर
2?? क्रोमोसोमल उत्परिवर्तन (Chromosomal Mutation) — संरचनात्मक या संख्यात्मक

? 6.3 उत्परिवर्तन के प्रकार

? 1?? बिंदु उत्परिवर्तन (Point Mutation)
जब एक ही न्यूक्लियोटाइड बदलता है —
इसे कहते हैं Point Mutation।
प्रकार:
Substitution: एक बेस दूसरे से बदलना
Insertion: नया बेस जुड़ना
Deletion: कोई बेस हट जाना
? प्रभाव:
Silent Mutation: प्रोटीन पर असर नहीं
Missense Mutation: एक अमीनो एसिड बदल जाता है
Nonsense Mutation: अमीनो एसिड श्रृंखला जल्दी रुक जाती है
? उदाहरण:
Sickle Cell Anemia —
GAG → GTG परिवर्तन से "Valine" आता है, जिससे हीमोग्लोबिन विकृत हो जाता है।
? 2?? फ्रेमशिफ्ट उत्परिवर्तन (Frameshift Mutation)
यदि कोई बेस जुड़ जाए या हट जाए,
तो पूरा "रीडिंग फ्रेम" बदल जाता है।
यह जीन को पढ़ने की दिशा को बिगाड़ देता है,
और प्रोटीन पूरी तरह बदल जाता है।
? उदाहरण:
Cystic Fibrosis में 3 बेस डिलीशन (ΔF508) से एक अमीनो एसिड हट जाता है।
? 3?? क्रोमोसोमल उत्परिवर्तन
डीएनए के बड़े हिस्सों में परिवर्तन:
प्रकार विवरण उदाहरण

Deletion कोई खंड हट गया Cri-du-chat Syndrome

Duplication खंड दोहराया गया Charcot–Marie–Tooth

Inversion खंड उलट गया सामान्यतः संतुलित

Translocation खंड किसी दूसरे क्रोमोसोम में चला गया Chronic Myeloid Leukemia (CML)

? 4?? संख्या में परिवर्तन (Aneuploidy & Polyploidy)

Aneuploidy:

किसी क्रोमोसोम की एक प्रति अधिक या कम

? Down Syndrome (Trisomy 21)

? Turner (XO), Klinefelter (XXY)

Polyploidy:

पूरे सेट की प्रतिलिपि

? पौधों में आम (Triploid, Tetraploid)

? 6.4 उत्परिवर्तन के कारण (Causes of Mutation)

उत्परिवर्तन स्वतः (Spontaneous) या प्रेरित (Induced) हो सकते हैं।

? 1?? स्वतः उत्परिवर्तन

डीएनए प्रतिकृति की त्रुटियाँ

प्राकृतिक रासायनिक परिवर्तन

कोशिका विभाजन में गलती

? 2?? प्रेरित उत्परिवर्तन

भौतिक कारक:

UV, X-rays, γ-rays

रासायनिक कारक:

Nitrous acid, Benzopyrene, Alkylating agents

जैविक कारक:

कुछ वायरस डीएनए को बदल सकते हैं (जैसे HPV → कैंसर)

? 6.5 उत्परिवर्तन की आवृत्ति

हर 10^9 बेस पेयर में लगभग 1 त्रुटि होती है,

परंतु कोशिकाओं के DNA Repair Systems उन्हें पहचानकर सुधार देते हैं।

कभी-कभी यह प्रणाली विफल हो जाती है —

और वही त्रुटि अगली पीढ़ी में स्थायी हो जाती है।

? 6.6 उत्परिवर्तन का वर्गीकरण

प्रकार प्रभाव उदाहरण
हानिकारक (Deleterious) रोग उत्पन्न Cystic Fibrosis
लाभदायक (Beneficial) अनुकूलता बढ़ती एंटीबायोटिक रेसिस्टेंस
तटस्थ (Neutral) कोई असर नहीं "Silent Mutations"
? विकास में लाभदायक उत्परिवर्तन ही टिकते हैं।

? 6.7 लाभदायक उत्परिवर्तन — विकास की नींव

उत्परिवर्तन प्रकृति का प्रयोगशाला प्रयोग है।
कभी एक परिवर्तन पूरी प्रजाति का भविष्य बदल देता है।
? उदाहरण:
1?? लैक्टोज सहनशीलता (Lactase Persistence) —
कुछ मानव आबादी में वयस्क अवस्था में भी दूध पचाने की क्षमता विकसित हुई।
2?? सिकल सेल गुण —
यह घातक रोग का कारण बनता है,
पर मलेरिया प्रतिरोध भी देता है —
इसलिए अफ्रीका में यह बना रहा।
"प्रकृति त्रुटियों से नहीं डरती —
वह उन्हें प्रयोग बनाती है।"

? 6.8 हानिकारक उत्परिवर्तन — रोगों की जड़

कई आनुवांशिक विकार Mutations के कारण होते हैं:
रोग जीन क्रोमोसोम
Sickle Cell Anemia HBB 11p15.5
Cystic Fibrosis CFTR 7q31.2
Huntington's Disease HTT 4p16.3
Phenylketonuria (PKU) PAH 12q23.2
Albinism TYR 11q14
इन रोगों का अध्ययन "Medical Genetics" का आधार है।

? 6.9 DNA Repair Mechanisms

डीएनए में त्रुटियाँ लगातार होती रहती हैं,
परंतु कोशिका में मरम्मत प्रणाली उन्हें सुधारती है।
मुख्य प्रकार:
1?? Base Excision Repair (BER)
2?? Nucleotide Excision Repair (NER)
3?? Mismatch Repair (MMR)
? यदि ये प्रणाली विफल हो जाएँ,
तो उत्परिवर्तन स्थायी बन जाते हैं —
और कैंसर जैसी बीमारियाँ उत्पन्न होती हैं।
? उदाहरण:
Xeroderma Pigmentosum —
NER की विफलता से UV विकिरण से कैंसर।

? 6.10 जर्मलाइन बनाम सोमैटिक उत्परिवर्तन

प्रकार प्रभाव
Germline Mutation शुक्राणु या अंडाणु में — संतान में विरासत
Somatic Mutation शरीर की कोशिकाओं में — केवल व्यक्ति तक सीमित
? कैंसर आमतौर पर Somatic Mutation से होता है,
जबकि आनुवांशिक रोग Germline Mutation से।

? 6.11 उत्परिवर्तन और विकास

Charles Darwin ने कहा था —
"जीव अनुकूलता के अनुसार बदलते हैं।"
बाद में आनुवांशिकी ने यह स्पष्ट किया —
"Mutation ही वह प्रक्रिया है, जो Darwin के विकास को संभव बनाती है।"
Mutation → Variation → Natural Selection → Evolution
? बिना Mutation के न तो विविधता होती,
न ही विकास।

? 6.12 कृत्रिम उत्परिवर्तन (Mutagenesis)

वैज्ञानिक प्रयोगशालाओं में भी उत्परिवर्तन प्रेरित किए जाते हैं —
नई किस्में, औषधियाँ या प्रयोगों के लिए।
? उदाहरण:
पौधों में नई प्रजातियाँ (गेंहूँ, सरसों)
सूक्ष्मजीवों में औषधि उत्पादन (पेनिसिलिन)
Cancer Cells की Gene Studies

? 6.13 उत्परिवर्तन और CRISPR तकनीक

आज हम जीन संपादन तकनीक से
"Mutation" को नियंत्रित करने लगे हैं।
CRISPR-Cas9 द्वारा हम
किसी जीन को काट-चिपका सकते हैं,
अर्थात् "प्राकृतिक Mutation" को "निर्देशित Mutation" में बदल सकते हैं।
"अब मनुष्य प्रकृति की Mutation प्रक्रिया का नियंत्रक बन गया है।"

? 6.14 निष्कर्ष

उत्परिवर्तन जीवन का आवश्यक गुण है।
यही प्रक्रिया जीवों को बदलने, अनुकूल होने, और विकसित होने में सक्षम बनाती है।
"यदि कोई Mutation न होता,
तो जीवन वही रहता जो अरबों वर्ष पहले था।"
हम अपने अस्तित्व का श्रेय Mutation को देते हैं —
जो त्रुटि नहीं, प्रकृति की रचनात्मक कला है।

? मुख्य विचार:

"Mutation ही जीवन की कलम है —
जिससे विकास लिखा जाता है।"

7

? अध्याय 7

जीन अभिव्यक्ति

(Gene Expression: The Flow of Genetic Information)

? 7.1 परिचय – जब जीन बोलते हैं

हर जीन डीएनए का एक छोटा सा खंड है,
जिसमें किसी प्रोटीन या कार्यात्मक आरएनए का निर्माण-निर्देश छिपा है।
लेकिन हर जीन हर समय सक्रिय नहीं रहता।
कुछ जीन केवल विकास के दौरान सक्रिय होते हैं,
कुछ केवल तनाव या संकेत मिलने पर,
और कुछ कभी नहीं।
"Gene Expression वह प्रक्रिया है,
जिसमें डीएनए की सूचना प्रोटीन या RNA में परिवर्तित होती है।"
यही अभिव्यक्ति तय करती है –
कौन-सी कोशिका मांसपेशी बनेगी, कौन-सी मस्तिष्क, कौन-सी त्वचा।

? 7.2 जीन अभिव्यक्ति की प्रक्रिया

यह प्रक्रिया दो मुख्य चरणों में होती है:
1?? Transcription (लिप्यंतरण)

2?? Translation (अनुवाद)
इन दोनों को मिलाकर कहा जाता है —
Central Dogma of Molecular Biology
DNA → RNA → Protein

? 7.3 चरण 1: Transcription — डीएनए से संदेश बनना

Transcription वह चरण है,
जिसमें डीएनए की सूचना एक mRNA (Messenger RNA) में कॉपी होती है।
? चरण:
1?? Initiation (आरंभ):
RNA Polymerase डीएनए के Promoter Region से जुड़ता है।
डीएनए की डबल हेलिक्स खुलती है।
2?? Elongation (विस्तार):
RNA Polymerase एक स्ट्रैंड (Template Strand) पढ़ता है।
वह mRNA बनाता है जिसमें A→U, T→A, G→C, C→G होता है।
3?? Termination (समाप्ति):
Terminator Sequence पर पहुँचने पर RNA Polymerase रुक जाता है।
mRNA अलग हो जाता है।
? उदाहरण:
DNA → TAC GGC ATA
mRNA → AUG CCG UAU

? 7.4 mRNA Processing (यूकारियोट्स में)

प्रारंभिक mRNA को Pre-mRNA कहा जाता है।
यह प्रोटीन बनाने योग्य नहीं होता,
इसे संशोधित करना पड़ता है।
? 1?? Capping:
5′ छोर पर एक "Methyl Guanosine Cap" जुड़ता है।
? 2?? Poly-A Tailing:
3′ छोर पर Adenine की लंबी श्रृंखला (AAA...) जुड़ती है।
? 3?? Splicing:
Non-coding भाग (Introns) काट दिए जाते हैं,
Coding भाग (Exons) जोड़ दिए जाते हैं।

? इस प्रक्रिया से Mature mRNA बनता है,
जो नाभिक से निकलकर साइटोप्लाज्म में पहुँचता है।
? 7.5 चरण 2: Translation — संदेश से प्रोटीन बनना
अब Mature mRNA को Ribosome पढ़ता है।
यह प्रत्येक तीन बेस (Codon) को पढ़कर एक अमीनो एसिड जोड़ता है।
? चरण:
1?? Initiation:
mRNA का "AUG" (Start Codon) पहचानकर राइबोसोम जुड़ता है।
tRNA "Methionine" लाता है।
2?? Elongation:
हर Codon पढ़ा जाता है।
tRNA संबंधित अमीनो एसिड लाता है।
Peptide Bonds से वे जुड़ते हैं।
3?? Termination:
जब Stop Codon (UAA, UAG, UGA) आता है,
प्रोटीन श्रृंखला समाप्त होती है।
? परिणाम:
एक विशेष अनुक्रम वाली पॉलीपेप्टाइड श्रृंखला (Protein) बनती है।

? 7.6 Translation के घटक

घटक कार्य
mRNA संदेश लाता है
tRNA अमीनो एसिड लाता है
rRNA राइबोसोम का भाग
Ribosome प्रोटीन निर्माण की मशीन
Codon mRNA पर 3 बेस का समूह
Anticodon tRNA पर पूरक क्रम

? 7.7 Codon Table — जीवन की भाषा

हर अमीनो एसिड के लिए एक या अधिक Codons होते हैं।
कुल 64 Codons → 20 अमीनो एसिड।
? उदाहरण:
AUG → Methionine (Start)

UUU → Phenylalanine
GAA → Glutamic Acid
UGA, UAG, UAA → Stop
“यह भाषा सार्वभौमिक है —
हर जीव यही कोड बोलता है।”

? 7.8 जीन अभिव्यक्ति का नियंत्रण

हर जीन हर समय सक्रिय नहीं होता।
विभिन्न संकेत, प्रोटीन, और पर्यावरणीय कारक
यह तय करते हैं कि कौन-सा जीन चालू या बंद होगा।
? नियंत्रण के स्तर:
1?? Transcriptional Level — Promoter/Enhancer से
2?? Post-Transcriptional — Splicing, mRNA Stability
3?? Translational — Ribosome Binding
4?? Post-Translational — Protein Modification

? 7.9 प्रोकैरियोटिक जीन नियमन — ऑपेरॉन मॉडल

1961 में Jacob & Monod ने E. coli में
Lac Operon Model प्रस्तुत किया।
यह मॉडल बताता है कि कैसे एक साथ कई जीन
एक ही नियंत्रण प्रणाली से संचालित होते हैं।
? जब लैक्टोज उपलब्ध होता है —
Repressor हट जाता है,
RNA Polymerase काम शुरू करता है,
Lactose Digesting Enzymes बनते हैं।
जब लैक्टोज नहीं होता —
जीन निष्क्रिय रहते हैं।
? यही On-Off सिस्टम जीन नियंत्रण की बुनियाद है।

? 7.10 यूकारियोटिक जीन नियमन

मनुष्य जैसी जटिल कोशिकाओं में
जीन नियंत्रण कई स्तरों पर होता है:

1?? Chromatin Remodeling — डीएनए का खुलना-बंद होना
2?? Transcription Factors — जीन चालू करने वाले प्रोटीन
3?? Epigenetic Marks (Methylation / Acetylation)
4?? miRNA और siRNA द्वारा mRNA नष्ट करना
"प्रकृति केवल जीन नहीं लिखती —
यह तय भी करती है कि कब पढ़े जाएँ।"

? 7.11 एपिजेनेटिक नियंत्रण

कभी-कभी जीन डीएनए में बदले बिना ही चुप या सक्रिय हो जाते हैं।
इसे कहते हैं Epigenetics।
? मुख्य तंत्र:
DNA Methylation (चुप करना)
Histone Acetylation (सक्रिय करना)
? उदाहरण:
एक समान जुड़वाँ (Identical Twins)
बड़े होकर भिन्न व्यवहार दिखाते हैं —
क्योंकि उनके जीन अभिव्यक्ति पैटर्न अलग होते हैं।

? 7.12 पर्यावरण का प्रभाव

जीन अकेले कार्य नहीं करते —
उन पर पर्यावरण, पोषण, और तनाव का प्रभाव पड़ता है।
? उदाहरण:
मधुमक्खियों में आहार (Royal Jelly) तय करता है कि लार्वा रानी बनेगा या श्रमिक।
तापमान, पोषण और रसायन जीन सक्रियता को बदल सकते हैं।
"हमारे अनुभव हमारे जीनों की आवाज़ बदल देते हैं।"

? 7.13 जीन अभिव्यक्ति और रोग

जीन का अत्यधिक या अपर्याप्त सक्रिय होना
कई रोगों का कारण बनता है:
रोग समस्या
कैंसर Tumor Suppressor Genes निष्क्रिय
डायबिटीज़ इंसुलिन जीन नियमन त्रुटि

Autoimmune Disorders जीन का गलत सक्रिय होना
? इसलिए चिकित्सा का नया क्षेत्र —
Gene Regulation Therapy विकसित हो रहा है।

? 7.14 कृत्रिम जीन अभिव्यक्ति

अब वैज्ञानिक कृत्रिम रूप से जीनों को चालू या बंद कर सकते हैं:
CRISPR Activation (CRISPRa)
CRISPR Interference (CRISPRi)
siRNA Technology
"अब हम जीनों की भाषा में संवाद करना सीख रहे हैं।"

? 7.15 निष्कर्ष

जीन अभिव्यक्ति जीवन का संगीत है।
डीएनए उसका लेख है,
mRNA उसका स्वर,
और प्रोटीन उसका परिणाम।
"जीन केवल जानकारी नहीं,
बल्कि क्रिया की प्रेरणा हैं।"
हर कोशिका में वही डीएनए होता है,
फिर भी वे अलग होती हैं —
क्योंकि जीन अलग-अलग बोलते हैं।

? मुख्य विचार:

"जीवन की विविधता जीनों की आवाज़ों का संगीत है।"

8

? अध्याय 8

एपिजेनेटिक्स: जीनों के ऊपर की कहानी

(Epigenetics: The Science Beyond Genes)

? 8.1 परिचय — जब डीएनए नहीं, पर जीवन बदलता है

20वीं सदी तक वैज्ञानिक मानते थे कि
हमारा भाग्य डीएनए में लिखा है —
जो एक स्थायी कोड है और नहीं बदलता।
परंतु 21वीं सदी में यह दृष्टिकोण बदल गया।
विज्ञान ने पाया कि जीन वही रहते हैं, लेकिन उनका व्यवहार बदल सकता है।
"एपिजेनेटिक्स वह अध्ययन है,
जिसमें डीएनए अनुक्रम बदले बिना जीन की सक्रियता बदलती है।"
यह वही प्रक्रिया है जिससे एक समान जुड़वाँ
एक जैसे जीन होते हुए भी अलग दिखते हैं, सोचते हैं, और व्यवहार करते हैं।

? 8.2 'एपिजेनेटिक्स' शब्द का अर्थ

"Epigenetics" शब्द ग्रीक मूल से आया है:
"Epi" = ऊपर
"Genetics" = आनुवंशिकी

यानि — "जीनों के ऊपर का नियंत्रण"।
जीन तो पुस्तक हैं,
लेकिन कौन-सा अध्याय कब पढ़ा जाए — यह एपिजेनेटिक टैग्स तय करते हैं।

? 8.3 डीएनए संरचना और नियंत्रण

डीएनए अकेला नहीं होता।
वह "हिस्टोन" नामक प्रोटीन के चारों ओर लिपटा होता है —
इसे कहते हैं Chromatin।
डीएनए का यह खुलना-बंद होना तय करता है कि
जीन पढ़े जाएँगे या नहीं।
खुला Chromatin → जीन सक्रिय (Euchromatin)
सघन Chromatin → जीन निष्क्रिय (Heterochromatin)
? एपिजेनेटिक परिवर्तन इस खुलने-बंद होने की प्रक्रिया को नियंत्रित करते हैं।

? 8.4 एपिजेनेटिक तंत्र (Mechanisms)

? 1?? DNA Methylation
डीएनए के Cytosine बेस पर "$-CH_3$" (मिथाइल समूह) जुड़ जाता है।
यह टैग जीन को "चुप" (Silence) कर देता है।
? उदाहरण:
यदि इंसुलिन जीन पर मिथाइलेशन बढ़े → मधुमेह
यदि Tumor Suppressor Gene पर मिथाइलेशन → कैंसर
"मिथाइल टैग जीन को लॉक करने की चाबी है।"
? 2?? Histone Modification
हिस्टोन प्रोटीन पर Acetyl, Methyl, या Phosphate टैग जुड़ते हैं।
Acetylation → डीएनए खुलता है → जीन चालू
Deacetylation → डीएनए सघन → जीन बंद
? यह जीनों की "ऑन/ऑफ स्विच" प्रणाली है।
? 3?? Non-coding RNA Regulation
कुछ RNA (miRNA, siRNA)
mRNA को नष्ट कर देते हैं या अनुवाद रोक देते हैं।
? उदाहरण:
कैंसर कोशिकाओं में miRNA जीनों की अभिव्यक्ति को नियंत्रित करते हैं।

? 8.5 एपिजेनेटिक विरासत

एपिजेनेटिक टैग्स केवल व्यक्ति तक सीमित नहीं —
वे कभी-कभी अगली पीढ़ी तक भी पहुँचते हैं।
? इसे कहते हैं — Transgenerational Epigenetic Inheritance
? उदाहरण:
द्वितीय विश्व युद्ध के दौरान Dutch Hunger Winter में
जिन माताओं ने अकाल में गर्भ धारण किया,
उनके बच्चों में दशकों बाद भी
मोटापा और मधुमेह का जोखिम अधिक पाया गया।
"माँ का अनुभव, बच्चे के जीनों की आवाज़ बन सकता है।"

? 8.6 पर्यावरणीय प्रभाव

एपिजेनेटिक बदलाव बाहरी कारकों से गहराई से प्रभावित होते हैं:
कारक प्रभाव
? धूप Vitamin D जीन सक्रियता
? आहार मिथाइल दाता पोषक तत्व (B12, फोलेट)
? धूम्रपान जीन साइलेंसिंग
? नींद जैविक घड़ी के जीन
? तनाव Cortisol जीन सक्रियता
? ध्यान शांत जीन सक्रियता
"हम जो खाते हैं, सोचते हैं और जीते हैं —
वह हमारे जीनों की ध्वनि को बदल देता है।"

? 8.7 पोषण और एपिजेनेटिक्स

हमारा आहार केवल ऊर्जा नहीं देता,
वह जीनों को निर्देश भी देता है।
? उदाहरण:
फोलेट, B12, कोलाइन, और बीटाइन जैसे पोषक तत्व
DNA Methylation के लिए आवश्यक हैं।
ब्रोकोली और ग्रीन टी में मौजूद यौगिक
ट्यूमर जीन को निष्क्रिय कर सकते हैं।
"Food is not just fuel, it is genetic information."

? 8.8 एपिजेनेटिक्स और विकास

एक ही डीएनए से शरीर की सभी कोशिकाएँ बनती हैं —
फिर भी मस्तिष्क, हृदय और यकृत अलग क्यों हैं?
क्योंकि एपिजेनेटिक नियंत्रण
प्रत्येक कोशिका में अलग-अलग जीन चालू-बंद करता है।
? यह भ्रूण विकास का मूल तंत्र है।
? उदाहरण:
भ्रूण में “HOX genes” क्रमवार सक्रिय होकर
शरीर की संरचना तय करते हैं।

? 8.9 तनाव और भावनाएँ

दीर्घकालिक तनाव Cortisol जीनों को प्रभावित करता है,
जिससे प्रतिरक्षा कमजोर होती है और अवसाद का खतरा बढ़ता है।
? अध्ययन:
जिन बच्चों का बचपन प्रतिकूल वातावरण में बीता,
उनमें तनाव-नियंत्रण जीन (NR3C1) का मिथाइलेशन अधिक पाया गया।
“भावनाएँ केवल मन पर नहीं,
जीनों पर भी अंक छोड़ती हैं।”

? 8.10 योग, ध्यान और जीन सक्रियता

हाल के अध्ययनों में पाया गया है कि
ध्यान, प्राणायाम, और सकारात्मक भावनाएँ
तनाव-संबंधी जीनों को शांत करती हैं,
और रोग प्रतिरोधक जीनों को सक्रिय करती हैं।
? Harvard Research (2018):
ध्यान करने वालों में Inflammation genes कम सक्रिय,
और Immunity genes अधिक सक्रिय पाए गए।
“मौन में भी जीनों की भाषा बदलती है।”

? 8.11 एपिजेनेटिक्स और रोग

कई रोग अब "एपिजेनेटिक रोग" कहे जाते हैं —

क्योंकि उनमें डीएनए अनुक्रम नहीं,
बल्कि जीन अभिव्यक्ति बदलती है।
रोग प्रभाव
कैंसर Tumor Suppressor Gene साइलेंट
डायबिटीज़ मेटाबॉलिक जीन मिथाइलेशन
ऑटिज़्म न्यूरोनल जीन असंतुलन
हृदय रोग सूजन जीन सक्रियता
अब नई चिकित्सा दिशा है —
Epigenetic Drugs (DNMT inhibitors, HDAC inhibitors)

? 8.12 एपिजेनेटिक चिकित्सा (Epigenetic Therapy)

चिकित्सक अब ऐसे यौगिक विकसित कर रहे हैं

जो मिथाइलेशन या हिस्टोन संशोधन को नियंत्रित करें।
? उदाहरण:
Azacitidine (Vidaza): DNA Methylation को रोकता है
Vorinostat: Histone Deacetylase को निष्क्रिय करता है
? इससे कैंसर, मानसिक विकार, और वृद्धावस्था से जुड़ी बीमारियों का इलाज संभव है।

? 8.13 एपिजेनेटिक्स और उत्तराधिकार

अब यह स्पष्ट हो रहा है कि

कभी-कभी एपिजेनेटिक टैग्स भी वंशानुगत हो सकते हैं।
? उदाहरण:
चूहों में यदि किसी विशेष गंध से डराया जाए,
तो अगली पीढ़ी भी उस गंध से भय दिखाती है —
भले ही उसने वह अनुभव न किया हो।
"स्मृतियाँ भी जीनों से आगे जा सकती हैं।"

? 8.14 दार्शनिक दृष्टिकोण

एपिजेनेटिक्स बताता है कि

जीवन केवल आनुवंशिक नियति नहीं है।
"हम जीन से बने हैं,

पर उन पर अंक हम स्वयं छोड़ते हैं।"
यह विज्ञान हमें जिम्मेदारी देता है —
कि हम अपनी आदतों, विचारों और वातावरण से
अपने भीतर की आनुवांशिक भाषा बदल सकते हैं।

? 8.15 निष्कर्ष

एपिजेनेटिक्स आधुनिक विज्ञान की सबसे मानवीय खोज है —
क्योंकि यह बताता है कि परिवर्तन संभव है,
और हर अनुभव जीवन को गढ़ता है।
"जीन पुस्तक हैं,
पर हम लेखक हैं जो तय करते हैं —
कौन-सा अध्याय कब पढ़ा जाए।"

? मुख्य विचारः

"एपिजेनेटिक्स यह साबित करता है कि
जीन नियति नहीं, संभावना हैं।"

9

? अध्याय 9

मानव विकास और जीन

(Human Evolution and the Story Written in Our Genes)

? 9.1 परिचय — जीनों में दर्ज विकास की गाथा

हर जीव की कोशिका में डीएनए केवल वर्तमान नहीं बताता —
वह अतीत भी संजोए रखता है।
"हमारे जीन हमारे पूर्वजों की जीवित डायरी हैं।"
मानव जीनोम में न केवल वह जानकारी है
जो हमें जीवित रखती है,
बल्कि वह भी जो हमें प्राचीन जीवन से जोड़ती है।
हर उत्परिवर्तन (Mutation), हर चयन (Selection)
हमारी विकास यात्रा का एक "अक्षर" है।

? 9.2 जीवन का विकास — जीनों की दृष्टि से

जीवन की शुरुआत लगभग 3.8 अरब वर्ष पहले हुई।
पहले एक-कोशिकीय जीव बने,
फिर धीरे-धीरे जटिल बहुकोशिकीय जीवन।
? जीन स्तर पर यह विकास हुआ:

नये जीन बने (Gene Duplication)
पुराने बदले (Mutation)
अनावश्यक हटे (Deletion)
इन छोटे-छोटे परिवर्तनों ने
जीवन की अनंत विविधता उत्पन्न की।
“हर जीन समय का एक प्रयोग है।”

? 9.3 विकास का आनुवांशिक सिद्धांत

चार्ल्स डार्विन (Charles Darwin) ने 1859 में कहा —
“जीव अपने परिवेश के अनुसार अनुकूलित होकर बदलते हैं।”
परंतु उस समय वह नहीं जानते थे कि यह बदलाव कैसे होता है।
20वीं सदी में आनुवांशिकी ने यह रहस्य खोला —
“Mutation” + “Natural Selection” = “Evolution”
यानी,
जीनों में आकस्मिक परिवर्तन होते हैं,
और वातावरण उनमें से उपयोगी परिवर्तनों को चुनता है।
? इस संयोजन को कहते हैं — Modern Evolutionary Synthesis

? 9.4 हमारे पूर्वजों के जीन

सभी जीवों का एक साझा पूर्वज था।
डीएनए अनुक्रमों की तुलना से यह स्पष्ट हुआ है कि —
जीव हमारे साथ आनुवांशिक समानता
चिम्पांज़ी ? 98.7%
गोरिल्ला ? 98%
बिल्ली ? 90%
चूहा ? 85%
केला ? 60%
“हमारे भीतर केवल मानवता नहीं,
बल्कि सम्पूर्ण जीवन का अंश है।”

? 9.5 मानवता की उत्पत्ति — “आउट ऑफ अफ्रीका” सिद्धांत

मानव विकास की सबसे स्वीकार्य कहानी है —

Out of Africa Theory
? लगभग 2 लाख वर्ष पहले
आधुनिक मानव (Homo sapiens)
अफ्रीका में उत्पन्न हुए।
फिर वे एशिया, यूरोप, ऑस्ट्रेलिया और अमेरिका की ओर फैले।
? जीन विश्लेषण बताता है कि
सभी मनुष्यों की मातृ वंशावली एक “Mitochondrial Eve” तक जाती है —
जो लगभग 1.6 लाख वर्ष पहले अफ्रीका में रही थी।

? 9.6 निएंडरथल और डेनिसोवन — हमारे भीतर के प्राचीन मानव

2000 के दशक में जीनोमिक्स ने बताया कि
हमारे जीनोम में 1–4% निएंडरथल डीएनए मौजूद है।
? इसका अर्थ:
हमारे पूर्वजों और निएंडरथल के बीच संकरण (Interbreeding) हुआ।
? एशियाई और यूरोपीय लोगों में यह प्रतिशत अधिक है,
जबकि अफ्रीकी जनसंख्या में लगभग शून्य।
बाद में “Denisovan” नामक एक और प्राचीन मानव मिला,
जिसका डीएनए तिब्बती लोगों में पाया गया —
जो ऊँचाई पर रहने की क्षमता से जुड़ा है।
“हम केवल Homo sapiens नहीं —
हम मिश्रित इतिहास हैं।”

? 9.7 विकास के आनुवांशिक प्रमाण

विकास के प्रमाण हमारे जीनों में मौजूद हैं:
? 1?? समान जीन (Homologous Genes)
मनुष्य और अन्य जीवों में समान कार्य वाले जीन पाए जाते हैं।
उदाहरण: Hox Genes — जो शरीर की योजना तय करते हैं।
? 2?? छद्मजीन (Pseudogenes)
ऐसे जीन जो अब काम नहीं करते,
पर पहले कार्यरत थे।
? उदाहरण: Vitamin C बनाने वाला जीन मनुष्यों में निष्क्रिय है।
? 3?? जीन अनुक्रम समानता
डीएनए तुलना से पता चलता है कि

कौन-सी प्रजातियाँ आपस में अधिक करीबी हैं।

? 9.8 मानव मस्तिष्क का आनुवांशिक विकास

मानव मस्तिष्क का आकार अन्य प्राणियों से बहुत बड़ा है।
इसका कारण है कुछ विशेष जीनों का विस्तार:
जीन कार्य
ARHGAP11B मस्तिष्क कोशिकाओं की संख्या बढ़ाता है
FOXP2 भाषा और संचार क्षमता
HAR1F मस्तिष्क की तहों का निर्माण
"मानव चेतना भी आनुवांशिक विकास की देन है।"

? 9.9 प्राकृतिक चयन के आधुनिक उदाहरण

विकास आज भी जारी है —
और इसके प्रमाण हमारे जीनों में हैं।
? उदाहरण:
1?? लैक्टोज सहनशीलता (Lactase Persistence):
दुग्धपालन संस्कृतियों में लैक्टोज पचाने की क्षमता बनी रही।
2?? मलेरिया प्रतिरोध (Sickle Cell Trait):
अफ्रीका में लाभदायक उत्परिवर्तन बना रहा।
3?? Tibetans का EPAS1 जीन:
उच्च पर्वतीय क्षेत्र में ऑक्सीजन की कमी झेलने में मदद करता है।
"विकास समाप्त नहीं हुआ —
वह हर सांस में जारी है।"

? 9.10 जीन डुप्लिकेशन और नई क्षमताएँ

कभी-कभी कोई जीन दुगना हो जाता है —
फिर एक प्रति मूल कार्य करती रहती है,
और दूसरी नई भूमिका अपनाती है।
? उदाहरण:
घ्राण जीन (Smell Receptors) — हजारों बार डुप्लिकेट हुए।
Hemoglobin जीन — विभिन्न प्रजातियों में विविधता दी।
? यह प्रक्रिया नई क्षमताओं के जन्म की कुंजी है।

? 9.11 जीनोमिक ड्रिफ्ट और प्रवास

जब कोई आबादी अलग हो जाती है,
तो उसमें कुछ जीन यादृच्छिक रूप से अधिक या कम हो जाते हैं।
इसे कहते हैं — Genetic Drift।
? उदाहरण:
द्वीपों पर छोटे समुदायों में विशिष्ट गुणों का अधिक होना।
"जीन समय के साथ बहते हैं,
और भूगोल उन्हें दिशा देता है।"

? 9.12 मानव विविधता — आनुवांशिक दृष्टि से

भिन्न रंग, बाल, ऊँचाई, प्रतिरोध —
ये सब जीन विविधता से उत्पन्न हैं।
लेकिन —
सभी मनुष्यों का जीनोम 99.9% समान है।
? नस्ल, रंग, भाषा — केवल सतही भिन्नताएँ हैं।
हम सभी एक ही प्रजाति हैं — Homo sapiens।
"हमारी विविधता हमारी एकता की कहानी कहती है।"

? 9.13 विकास और संस्कृति

अब जीन केवल जैविक नहीं रहे —
मानव संस्कृति भी विकास में भूमिका निभाती है।
? उदाहरण:
कृषि ने आहार बदला → जीन अनुकूल हुए।
आग और पका हुआ भोजन → दाँत और जबड़ा बदले।
भाषा और कला → मस्तिष्क विकसित हुआ।
"विकास अब प्रयोगशाला में नहीं, समाज में होता है।"

? 9.14 भविष्य का मानव — जीनोमिक दिशा

अब जब हम अपने जीन संपादित कर सकते हैं (CRISPR),
तो यह प्रश्न उठता है —

क्या अब विकास प्राकृतिक नहीं बल्कि कृत्रिम होगा?
क्या भविष्य में "डिज़ाइनर मानव" बनेंगे,
जो रोगमुक्त, बुद्धिमान, और दीर्घायु हों?
"अब विकास केवल प्रकृति का नहीं,
मानव का निर्णय बन गया है।"

? 9.15 निष्कर्ष

हमारा शरीर अरबों वर्षों के जीन परिवर्तनों का परिणाम है।
हर कोशिका में समय का इतिहास लिखा है।
"हम तारों की धूल से नहीं,
जीनों के गीत से बने हैं।"
विकास समाप्त नहीं —
वह अभी भी चल रहा है,
हमारे हर विचार, हर चयन, और हर जीन में।

? मुख्य विचार:

"हमारे भीतर वह अतीत जीवित है,
जिसने हमें मानव बनाया।"

10

? अध्याय 10

आनुवांशिक रोग

(Genetic Disorders: When Genes Go Wrong)

? 10.1 परिचय — जब कोड में त्रुटि होती है

हर व्यक्ति के डीएनए में लगभग 3 अरब बेस पेयर होते हैं।
यह जीवन की एक अत्यंत जटिल भाषा है —
लेकिन जब इस भाषा में एक भी अक्षर गलत हो जाता है,
तो उसके परिणाम गहरे हो सकते हैं।
"आनुवांशिक रोग वे विकार हैं
जो जीन या क्रोमोसोम में स्थायी परिवर्तन (Mutation) से उत्पन्न होते हैं।"
कभी यह परिवर्तन माता-पिता से विरासत में मिलता है,
और कभी जीवन के दौरान स्वयं उत्पन्न होता है।

? 10.2 आनुवांशिक रोगों का वर्गीकरण

आनुवांशिक रोगों को तीन मुख्य श्रेणियों में बाँटा जा सकता है:
श्रेणी विवरण उदाहरण
1?? एकल जीन विकार (Single-Gene Disorders) किसी एक जीन में परिवर्तन सिकल सेल एनीमिया, सिस्टिक फाइब्रोसिस

2?? बहु-कारक विकार (Multifactorial Disorders) जीन और पर्यावरण दोनों का प्रभाव मधुमेह, हृदय रोग

3?? क्रोमोसोमल विकार (Chromosomal Disorders) क्रोमोसोम संख्या या संरचना में गलती डाउन सिंड्रोम, टर्नर सिंड्रोम

? 10.3 एकल जीन विकार (Mendelian Disorders)

इनमें एक ही जीन के परिवर्तन से रोग होता है।

ये मेंडेलियन विरासत नियमों का पालन करते हैं।

? (A) ऑटोसोमल प्रमुख (Autosomal Dominant)

केवल एक दोषपूर्ण जीन पर्याप्त होता है।

? उदाहरण:

Huntington's Disease (HTT Gene)

Marfan Syndrome (FBN1 Gene)

Achondroplasia (FGFR3 Gene)

एक माता-पिता प्रभावित हो तो 50% संभावना संतान में।

? (B) ऑटोसोमल अप्रभावी (Autosomal Recessive)

दोनों जीन दोषपूर्ण होने पर ही रोग प्रकट होता है।

? उदाहरण:

Sickle Cell Anemia (HBB Gene)

Cystic Fibrosis (CFTR Gene)

Phenylketonuria (PAH Gene)

वाहक माता-पिता स्वस्थ रहते हैं, पर संतान में रोग संभव।

? (C) X-लिंक्ड विकार

दोषपूर्ण जीन X क्रोमोसोम पर होता है।

? उदाहरण:

Hemophilia A (F8 Gene)

Duchenne Muscular Dystrophy (DMD Gene)

Color Blindness

? पुरुष (XY) में एक ही X होता है,

इसलिए रोग अधिकतर उन्हीं में प्रकट होता है।

? 10.4 प्रमुख आनुवांशिक रोगों का अध्ययन

? 1?? सिकल सेल एनीमिया

कारण: HBB जीन में बिंदु उत्परिवर्तन (GAG → GTG)
परिणाम: हीमोग्लोबिन विकृत, कोशिकाएँ दरांती आकार की
लक्षण: थकान, दर्द, रक्त प्रवाह अवरोध
लाभ: मलेरिया प्रतिरोध (Natural Selection Example)
? 2?? सिस्टिक फाइब्रोसिस
कारण: CFTR जीन में 3 बेस की डिलीशन (ΔF508)
परिणाम: श्लेष्म झिल्ली में गाढ़ा बलगम
लक्षण: साँस लेने में कठिनाई, संक्रमण, पाचन समस्या
उपचार: Gene Therapy और CFTR Modulator Drugs
? 3?? हंटिंगटन रोग
कारण: HTT जीन में CAG दोहराव (Repeat Expansion)
परिणाम: प्रोटीन विषैला, न्यूरॉन नष्ट
लक्षण: मानसिक विकृति, अनियंत्रित गति, स्मृति ह्रास
विरासत: ऑटोसोमल प्रमुख
? 4?? अल्बिनिज़्म
कारण: TYR जीन में उत्परिवर्तन
परिणाम: मेलानिन का अभाव
लक्षण: सफेद त्वचा, बाल, प्रकाश संवेदनशीलता
? 5?? हीमोफीलिया
कारण: X क्रोमोसोम पर F8 या F9 जीन में त्रुटि
परिणाम: रक्त जमने की क्षमता घटती है
उपचार: फैक्टर रिप्लेसमेंट थेरेपी

? 10.5 क्रोमोसोमल विकार

जब पूरे क्रोमोसोम की संख्या या संरचना बदल जाए।

? (A) संख्या में परिवर्तन

विकार विवरण लक्षण

Down Syndrome (Trisomy 21) 21वें क्रोमोसोम की अतिरिक्त प्रति बौद्धिक मंदता, गोल चेहरा

Turner Syndrome (XO) केवल एक X क्रोमोसोम बाँझपन, छोटी कदकाठी

Klinefelter Syndrome (XXY) एक अतिरिक्त X पुरुषों में स्तन वृद्धि, कम प्रजनन

? (B) संरचनात्मक परिवर्तन

प्रकार विवरण उदाहरण

Deletion भाग हटना Cri-du-chat Syndrome

Duplication भाग दोहराना CMT रोग

Translocation भाग दूसरे क्रोमोसोम में जाना CML (Philadelphia Chromosome)

? 10.6 बहु-कारक रोग (Multifactorial Disorders)

कई रोग केवल एक जीन से नहीं,

बल्कि कई जीनों और पर्यावरणीय कारकों के मिलन से होते हैं।

? उदाहरण:

मधुमेह (Diabetes)

उच्च रक्तचाप

हृदय रोग

कैंसर

अवसाद

? ये रोग "Genetic Predisposition" पर निर्भर होते हैं —

जीन केवल प्रवृत्ति देते हैं, निर्णय जीवनशैली करती है।

? 10.7 माइटोकॉन्ड्रियल विकार

माइटोकॉन्ड्रिया (ऊर्जा केंद्र) का डीएनए केवल माँ से आता है।

? उदाहरण:

Leber's Hereditary Optic Neuropathy (LHON)

Mitochondrial Myopathy

"माँ से केवल जीवन नहीं, ऊर्जा की स्मृति भी मिलती है।"

? 10.8 आनुवांशिक निदान (Genetic Diagnosis)

आधुनिक तकनीकें अब जीन स्तर पर रोग पहचानने में सक्षम हैं।

? प्रमुख विधियाँ:

1?? Karyotyping: क्रोमोसोम की संख्या देखना

2?? PCR & Sequencing: विशिष्ट जीन पहचान

3?? Microarray: हजारों जीन एक साथ विश्लेषण

4?? Next-Generation Sequencing (NGS): तेज़, सटीक अनुक्रमण

5?? Prenatal Diagnosis: भ्रूण में विकार पहचान
? तकनीकें: Amniocentesis, Chorionic Villus Sampling

? 10.9 जीन परामर्श (Genetic Counseling)

यह वह प्रक्रिया है जिसमें व्यक्ति या परिवार को
आनुवांशिक जोखिम और विकल्पों की जानकारी दी जाती है।
"ज्ञान भय नहीं लाता, दिशा देता है।"
? उद्देश्य:
रोग जोखिम आकलन
परिवार नियोजन सलाह
भावनात्मक और सामाजिक समर्थन

? 10.10 जीन थेरेपी — सुधार की आशा

अब विज्ञान केवल पहचान नहीं,
उपचार की दिशा में भी अग्रसर है।
? प्रकार:
1?? Somatic Gene Therapy: केवल रोगी की कोशिकाओं में परिवर्तन
2?? Germline Gene Therapy: अगली पीढ़ी तक सुधार (विवादास्पद)
? उदाहरण:
ADA-SCID रोग में पहली सफल Gene Therapy (1990)
CRISPR-Cas9 से सटीक संपादन अब संभव
"जहाँ पहले नियति थी,
अब सुधार की संभावना है।"

? 10.11 नैतिक प्रश्न

आनुवांशिक चिकित्सा कई प्रश्न उठाती है:
क्या भ्रूण चयन उचित है?
क्या 'डिज़ाइनर बेबी' बनाना नैतिक है?
क्या बीमा कंपनियाँ जीन डेटा का दुरुपयोग करेंगी?
इन प्रश्नों के उत्तर में विज्ञान और समाज दोनों को मिलकर सोचना होगा।

? 10.12 भारत में आनुवांशिक रोग

भारत में विवाह प्रथा और जातीय विविधता के कारण
कुछ आनुवांशिक विकार विशिष्ट समुदायों में अधिक पाए जाते हैं:
? उदाहरण:
थैलेसीमिया (Thalassemia)
सिकल सेल एनीमिया (आदिवासी क्षेत्र)
G6PD Deficiency
अब राष्ट्रीय स्तर पर "Genome India Project"
इस दिशा में कार्य कर रहा है।

? 10.13 भविष्य की दिशा

भविष्य की चिकित्सा "व्यक्तिगत" (Personalized Medicine) होगी —
जहाँ प्रत्येक व्यक्ति के जीनोम के आधार पर
रोग की संभावना और उपचार तय होगा।
"एक ही रोग — अलग-अलग व्यक्ति — अलग जीन — अलग उपचार।"

? 10.14 निष्कर्ष

जीनों की त्रुटियाँ कभी दुख लाती हैं,
पर उन्होंने विज्ञान को सबसे मानवीय बना दिया है।
"जब हम जीनों की गलतियाँ समझते हैं,
तब हम जीवन की करुणा भी समझते हैं।"
आनुवांशिक रोग केवल वैज्ञानिक चुनौती नहीं —
वे सहानुभूति, समझ, और नवाचार की पुकार हैं।

? मुख्य विचार:

"हर रोग एक कहानी है —
एक जीन की, जो गलत दिशा में मुड़ गया।"

11

? अध्याय 11

जीन थेरैपी

(Gene Therapy: The Promise of Healing at the Source)

? 11.1 परिचय – जब उपचार जड़ तक पहुँचे

पारंपरिक चिकित्सा लक्षणों का उपचार करती थी –
दर्द, संक्रमण, सूजन या कमी।
परंतु आनुवांशिक रोगों की जड़ स्वयं जीन होते हैं।
यदि जीन गलत कोडित हैं,
तो कोई दवा मूल समस्या नहीं बदल सकती।
"Gene Therapy वह चिकित्सा है
जिसमें किसी दोषपूर्ण जीन को बदलकर, सुधारकर या निष्क्रिय करके
रोग का स्थायी उपचार किया जाता है।"
यह चिकित्सा "रोग के लक्षण" नहीं,
बल्कि "रोग के कारण" को निशाना बनाती है।

? 11.2 जीन थेरैपी का इतिहास

? 1972 में Anderson और W. French ने पहली बार इस विचार को प्रस्तुत किया:
"यदि किसी रोग का कारण एक जीन की त्रुटि है,

तो क्या उस जीन को बदलना संभव है?”
? 1990: पहला सफल प्रयोग —
ADA-SCID (Adenosine Deaminase Deficiency) रोग में
डॉ. W. French Anderson की टीम ने
एक बच्चे की श्वेत रक्त कोशिकाओं में
सही जीन जोड़कर रोग को नियंत्रित किया।
यह मानव इतिहास की पहली जीन थेरेपी थी।

? 11.3 जीन थैरेपी की आवश्यकता

कई रोग ऐसे हैं जिनका कारण ज्ञात है —
पर पारंपरिक उपचार नहीं।
? उदाहरण:
सिकल सेल एनीमिया (HBB Gene)
सिस्टिक फाइब्रोसिस (CFTR Gene)
हीमोफीलिया (F8/F9 Genes)
Duchenne Muscular Dystrophy (DMD Gene)
रंग अंधत्व (Color Blindness)
इन सभी में समस्या जीन स्तर पर है —
इसलिए समाधान भी वहीं से शुरू होना चाहिए।

? 11.4 जीन थेरेपी के प्रकार

? 1?? सोमैटिक जीन थेरेपी (Somatic Gene Therapy)
परिवर्तन केवल रोगी की कोशिकाओं में किया जाता है।
यह अगली पीढ़ी तक नहीं जाता।
वर्तमान में यही उपयोगी और नैतिक मानी जाती है।
? उदाहरण:
ADA-SCID, कैंसर जीन थेरेपी, रेटिना रोग उपचार।
? 2?? जर्मलाइन जीन थेरेपी (Germline Gene Therapy)
परिवर्तन शुक्राणु या अंडाणु में किया जाता है।
यह स्थायी है — अगली पीढ़ियों तक पहुँचेगा।
? वैज्ञानिक दृष्टि से संभव,
परंतु नैतिक दृष्टि से विवादास्पद है।
? “Designer Baby” की अवधारणा इसी से जुड़ी है।

? 11.5 जीन डिलीवरी के तरीके (Gene Delivery Methods)

किसी जीन को कोशिका तक पहुँचाना सबसे कठिन चरण है।
इसके लिए विशेष Vector (वाहक) का प्रयोग होता है।
? (A) वायरल वेक्टर (Viral Vectors)
वायरस स्वाभाविक रूप से कोशिकाओं में प्रवेश करते हैं,
इसलिए उन्हें वाहक बनाया जाता है —
उनके हानिकारक जीन निकालकर,
वांछित जीन डाल दिए जाते हैं।
? उदाहरण:
Retrovirus: स्थायी DNA Integration
Adenovirus: अस्थायी, सुरक्षित
AAV (Adeno-Associated Virus): कम प्रतिक्रियाशील
"वायरस, जो कभी रोग का कारण थे,
अब उपचार के वाहक बन गए हैं।"
? (B) गैर-वायरल तकनीकें
1?? Liposome-mediated Delivery — लिपिड कणों से जीन भेजना
2?? Electroporation — विद्युत धारा से कोशिका झिल्ली खोलना
3?? Microinjection — सूक्ष्म सुई से डीएनए डालना
4?? Gene Gun — DNA-coated कणों को कोशिका में प्रवेश कराना
? ये विधियाँ सुरक्षित हैं, पर सफलता दर सीमित है।

? 11.6 जीन थेरेपी के दृष्टिकोण

? 1?? जीन जोड़ना (Gene Addition)
दोषपूर्ण जीन के स्थान पर सही जीन जोड़ा जाता है।
? 2?? जीन सुधार (Gene Editing)
त्रुटिपूर्ण अनुक्रम को काटकर सही अनुक्रम लगाया जाता है।
? 3?? जीन मौन (Gene Silencing)
हानिकारक जीन को निष्क्रिय कर दिया जाता है (siRNA, CRISPRi)।
? 4?? जीन प्रतिस्थापन (Gene Replacement)
पूरे जीन को हटाकर नया जीन लगाया जाता है।

? 11.7 सफल उदाहरण

? 1?? ADA-SCID

पहला सफल मानव उपचार (1990)

— T-Cells में सही ADA जीन जोड़ा गया।

?? 2?? Leber Congenital Amaurosis (अंधत्व)

AAV Vector द्वारा RPE65 जीन की आपूर्ति से दृष्टि लौटी।

? 3?? Hemophilia B

AAV8 द्वारा F9 जीन पहुँचाकर रक्त जमना सामान्य हुआ।

? 4?? CAR-T Cell Therapy

कैंसर रोगियों की T-Cells को पुनः प्रोग्राम किया गया

ताकि वे कैंसर कोशिकाओं पर हमला करें।

"अब प्रतिरक्षा कोशिकाएँ प्रशिक्षित योद्धा बन चुकी हैं।"

? 11.8 CRISPR — जीन सुधार की क्रांति

CRISPR-Cas9 तकनीक 2012 में विकसित हुई।

यह जीवाणु की प्राकृतिक रक्षा प्रणाली पर आधारित है।

? कार्यप्रणाली:

Cas9 एंजाइम DNA को सटीक स्थान पर काटता है।

गाइड RNA लक्ष्य स्थान पहचानता है।

नया अनुक्रम जोड़ा या बदला जा सकता है।

? 2020 में इस तकनीक के लिए नोबेल पुरस्कार मिला (Jennifer Doudna & Emmanuelle Charpentier)।

"अब हम जीनों को मिटा, जोड़, या पुनर्लेखित कर सकते हैं।"

? 11.9 जीन थेरेपी के लाभ

1?? स्थायी और जड़ से उपचार

2?? लक्षण नहीं, कारण पर प्रहार

3?? दुर्लभ रोगों में आशा

4?? कैंसर, अंधत्व, रक्त विकारों में सफलता

5?? भविष्य की व्यक्तिगत चिकित्सा की नींव

? 11.10 जोखिम और सीमाएँ

1?? प्रतिरक्षा प्रतिक्रिया (Immune Reaction)
2?? गलत स्थान पर जीन जुड़ने का खतरा
3?? कैंसरजनक उत्परिवर्तन की संभावना
4?? अत्यधिक लागत
5?? नैतिक विवाद
? 1999 में Jesse Gelsinger की मृत्यु ने
सुरक्षा मानकों पर गहन बहस छेड़ी थी।

? 11.11 नैतिक प्रश्न

जीन थेरेपी ने कई नैतिक चिंताएँ उठाईं:
क्या हमें प्रकृति के कोड में हस्तक्षेप करना चाहिए?
क्या "डिज़ाइनर बेबी" बनाना नैतिक है?
अमीरों को ही यह चिकित्सा मिलेगी?
"विज्ञान को दिशा विवेक से मिलती है, शक्ति से नहीं।"

? 11.12 भारत में जीन थेरेपी

भारत में हाल के वर्षों में कई प्रयास हो रहे हैं:
? उदाहरण:
CSIR-IGIB और IIT दिल्ली द्वारा जीन संपादन शोध
BIRAC और DBT द्वारा जीन थेरेपी नीति (2020)
सिकल सेल और थैलेसीमिया के लिए ट्रायल चरण
"अब भारत भी जीनोमिक क्रांति की अग्रिम पंक्ति में है।"

? 11.13 भविष्य की दिशा

भविष्य की जीन थेरेपी सटीक, सुरक्षित और सुलभ होगी।
Base Editing: केवल एक अक्षर बदलना
Prime Editing: डीएनए का पुनर्लेखन
Epigenetic Therapy: बिना अनुक्रम बदले नियंत्रण
"आने वाले समय में रोग पहचान से पहले ही

उसका सुधार संभव होगा।”

? 11.14 निष्कर्ष

जीन थेरेपी ने चिकित्सा की परिभाषा बदल दी है।

यह बताती है कि जीवन के स्तर पर भी सुधार संभव है।
“जहाँ पहले नियति थी,
अब वहाँ विज्ञान की कलम है।”
मनुष्य अब केवल जीनों का परिणाम नहीं,
बल्कि उनका संपादक बन चुका है।

? *मुख्य विचार:*

“जीन थेरेपी वह आशा है
जो जीनों की गलती को जीवन का अवसर बना देती है।”

12

? अध्याय 12

CRISPR और जीन एडिटिंग

(CRISPR and the Revolution of Gene Editing)

? 12.1 परिचय — जब जीवन का संपादन संभव हुआ

कल्पना कीजिए कि जीवन एक विशाल पुस्तक है।
हर शब्द — एक न्यूक्लियोटाइड,
हर वाक्य — एक जीन,
और पूरी किताब — डीएनए।
अब सोचिए कि अगर कोई टाइपो (त्रुटि) हो —
तो क्या हम उसे ठीक कर सकते हैं?
आज इसका उत्तर है — हाँ।
"CRISPR-Cas9 वह तकनीक है
जो डीएनए में सटीक स्थान पर काट, जोड़ या बदल सकती है।"
यह तकनीक सरल, सस्ती और अत्यंत प्रभावी है —
और इसी कारण इसे कहा गया —
"Life's Cut–Paste Tool."

? 12.2 CRISPR का अर्थ

CRISPR का पूरा नाम है:
Clustered Regularly Interspaced Short Palindromic Repeats
यह शब्द दिखने में जटिल है,
पर इसका अर्थ सरल है —
डीएनए के ऐसे विशेष अनुक्रम जो बार-बार दोहराए गए हैं
और बीच-बीच में "स्पेसर" डीएनए है।
पहली बार इसे 1987 में जापानी वैज्ञानिक योशिजुमी इशिनो ने E. coli बैक्टीरिया में देखा था।
तब यह रहस्य था — यह पैटर्न क्यों है?

? 12.3 बैक्टीरिया की रक्षा प्रणाली से क्रांति तक

बाद में वैज्ञानिकों ने पाया कि
यह बैक्टीरिया की प्रतिरक्षा प्रणाली (Immune System) का हिस्सा है।
जब कोई वायरस (Phage) बैक्टीरिया पर हमला करता है,
तो वह वायरस का एक टुकड़ा अपने डीएनए में CRISPR क्षेत्र में रख लेता है।
अगर वही वायरस दोबारा आता है,
तो बैक्टीरिया उस टुकड़े को "पहचान" लेता है
और Cas एंजाइम (जैसे Cas9) को बुलाता है,
जो वायरस के डीएनए को काटकर नष्ट कर देता है।
? यही प्राकृतिक प्रणाली अब प्रयोगशाला में
जीन एडिटिंग टूल के रूप में उपयोग की जा रही है।

? 12.4 CRISPR-Cas9 प्रणाली का कार्य

यह तकनीक दो मुख्य घटकों पर आधारित है:
घटक कार्य
Cas9 DNA को सटीक स्थान पर काटने वाला एंजाइम
gRNA (Guide RNA) लक्ष्य अनुक्रम की पहचान करता है
प्रक्रिया चरणबद्ध:
1?? वैज्ञानिक gRNA तैयार करते हैं जो किसी जीन के लक्ष्य अनुक्रम से मेल खाता है।
2?? Cas9 उस gRNA से जुड़ जाता है।
3?? gRNA Cas9 को डीएनए के सही स्थान पर ले जाता है।
4?? Cas9 वहाँ "Double-Strand Break" कर देता है।
5?? अब कोशिका की मरम्मत प्रणाली सक्रिय होती है:

Non-homologous end joining (NHEJ): जीन को निष्क्रिय करना।
Homology-directed repair (HDR): नया अनुक्रम जोड़ना।
इस प्रकार, जीन को काटा, हटाया या बदला जा सकता है।

? 12.5 CRISPR के लाभ

? पहले की जीन एडिटिंग तकनीकें (ZFNs, TALENs)
महँगी, जटिल और धीमी थीं।
CRISPR के आने से:
1?? यह अत्यंत सटीक (Precise) है
2?? सरल (Easy to Design)
3?? कम लागत वाली (Affordable)
4?? बहु-लक्ष्यीय (Multiplex Editing Possible)
"अब हर वैज्ञानिक के हाथ में जीवन संपादन की कलम है।"

? 12.6 CRISPR के प्रमुख उपयोग

? 1?? चिकित्सा में
आनुवांशिक रोगों का उपचार:
जैसे सिकल सेल एनीमिया, बीटा-थैलेसीमिया, Cystic Fibrosis
कैंसर थेरेपी:
प्रतिरक्षा कोशिकाओं (CAR-T) को पुनः प्रोग्राम करना
HIV उपचार:
CCR5 जीन को निष्क्रिय कर वायरस प्रवेश रोकना
दृष्टिहीनता का उपचार:
CEP290 जीन सुधारकर रेटिना रोग में दृष्टि लौटाना
? 2022 में अमेरिका में पहली in vivo CRISPR therapy (LCA10 blindness) सफल रही।
? 2?? कृषि में
फसलें अधिक रोग-प्रतिरोधक
कीटनाशक की आवश्यकता कम
पोषकता में सुधार
जलवायु-अनुकूल फसलें
? उदाहरण:
"CRISPR Rice" — अधिक पैदावार

“Tomato with High Lycopene”
“Wheat Resistant to Rust Fungus”
? 3?? पशुपालन और बायोटेक्नोलॉजी
रोगमुक्त पशु (PRRS-free pigs)
दूध में सुधार
औषधीय प्रोटीन उत्पादन
दवा निर्माण के लिए सूक्ष्मजीव सुधार
? 4?? जीनोमिक अनुसंधान
अब वैज्ञानिक एक-एक जीन का कार्य सटीक रूप से समझ सकते हैं —
क्योंकि वे उसे बंद या चालू कर सकते हैं।
“यह तकनीक जीवन की प्रयोगशाला में सूक्ष्म प्रश्न पूछने का उपकरण है।”

? 12.7 मानव भ्रूण संपादन — विवाद और प्रश्न

2018 में चीनी वैज्ञानिक He Jiankui ने दावा किया
कि उन्होंने जुड़वाँ बच्चों के जीन संपादित किए
ताकि वे HIV प्रतिरोधी बनें।
? यह प्रयोग विश्वभर में नैतिक आक्रोश का कारण बना।

? मुख्य चिंताएँ:

भ्रूण संपादन स्थायी है — पीढ़ियों तक प्रभाव
अनपेक्षित उत्परिवर्तन (Off-target effects)
नैतिकता: क्या हमें “डिज़ाइनर बेबी” बनाने चाहिए?
“प्रकृति ने जो लिखा है,
क्या मनुष्य उसे सुधारने के लिए पर्याप्त बुद्धिमान है?”

? 12.8 CRISPR की चुनौतियाँ

1?? Off-target Mutations: गलत स्थान पर कट लगना
2?? Delivery Problem: हर कोशिका तक पहुँचना कठिन
3?? Immune Response: Cas9 के प्रति प्रतिरक्षा
4?? नैतिकता और नियमन: वैश्विक नीतियों की आवश्यकता

? 12.9 CRISPR के नए रूप

? (A) CRISPRi और CRISPRa

जीन को बंद (Interference) या चालू (Activation) करना
बिना काटे।
? (B) Base Editing
एकल अक्षर (A→G, C→T) बदलना
बिना DNA तोड़े।
? (C) Prime Editing
"DNA Editing + Copy–Paste" का संयोजन
किसी भी अनुक्रम को जोड़ना या हटाना।
? इसे "CRISPR 2.0" कहा जाता है।

? 12.10 CRISPR और भविष्य

CRISPR ने चिकित्सा का नया युग शुरू किया है।

अब कल्पना कीजिए —
आनुवांशिक रोग जन्म से पहले ही सुधार लिए जाएँ
कैंसर कोशिकाएँ स्वयं नष्ट हो जाएँ
हर व्यक्ति का व्यक्तिगत जीनोमिक उपचार उपलब्ध हो
"यह केवल चिकित्सा नहीं,
विकास की नई दिशा है।"

? 12.11 नैतिक दृष्टि से संतुलन

CRISPR एक शक्तिशाली उपकरण है —

और हर शक्ति के साथ आती है जिम्मेदारी।
? हमें यह तय करना होगा:
कहाँ रेखा खींची जाए?
उपचार और सुधार में क्या अंतर है?
क्या हम मानवता को बेहतर बनाएँगे या कृत्रिम?
"विज्ञान हमें शक्ति देता है,
पर विवेक ही उसे अर्थ देता है।"

? 12.12 भारत में CRISPR अनुसंधान

भारत में कई अग्रणी संस्थान इस क्षेत्र में अग्रसर हैं:

? उदाहरण:
IGIB दिल्ली: रोग जीन संपादन
IISc बेंगलुरु: CRISPR बेस एडिटिंग
CCMB हैदराबाद: पशु जीन एडिटिंग
DBT नीति 2022: CRISPR अनुसंधान दिशा-निर्देश
“भारत अब जीनोमिक क्रांति का सक्रिय भागीदार है।”

? 12.13 निष्कर्ष

CRISPR केवल तकनीक नहीं —
यह जीवन को पुनर्लेखित करने की क्षमता है।
“जहाँ प्रकृति ने कोड लिखा,
वहाँ अब मनुष्य ने संपादन का अधिकार पाया है।”
यह शक्ति यदि विवेक के साथ उपयोग हो,
तो यह रोग, अकाल, और पीड़ा को मिटा सकती है।
परंतु यदि अंधाधुंध प्रयोग हुआ —
तो यह नैतिक और जैविक असंतुलन भी ला सकती है।

? मुख्य विचार:

“CRISPR मानवता की कलम है —
अब प्रश्न यह है कि हम इससे क्या लिखेंगे।”

13

? अध्याय 12

CRISPR और जीन एडिटिंग

(CRISPR and the Revolution of Gene Editing)

? 13.1 परिचय – जब विज्ञान खेत तक पहुँचा

21वीं सदी में दुनिया की आबादी तेजी से बढ़ रही है –
2050 तक लगभग 10 अरब लोग होंगे।
ऐसे में सबसे बड़ी चुनौती है –
"सभी को पर्याप्त, पौष्टिक और स्थायी भोजन कैसे मिले?"
इसके समाधान के लिए कृषि आनुवांशिकी (Agrigenomics)
विज्ञान की अग्रिम पंक्ति पर खड़ी है।
"जहाँ परंपरा खेती सिखाती है,
वहाँ विज्ञान उसे टिकाऊ बनाता है।"

? 13.2 कृषि जैवप्रौद्योगिकी (Agricultural Biotechnology)

कृषि जैवप्रौद्योगिकी का उद्देश्य है –
फसलों में बेहतर गुण जोड़ना,
जैसे कि –
रोग प्रतिरोधकता

अधिक उपज
पोषक तत्वों की वृद्धि
जलवायु अनुकूलन
कम कीटनाशक निर्भरता
? यह परिवर्तन जीन इंजीनियरिंग, CRISPR,
और ट्रांसजेनिक तकनीक से संभव हुआ है।

? 13.3 आनुवांशिक रूप से परिवर्तित फसलें (GM Crops)

"GM Crops" वे फसलें हैं
जिनमें किसी बाहरी जीन को जोड़कर
नया गुण दिया गया हो।
? उदाहरण:
Bt Cotton — कीटरोधी
Golden Rice — विटामिन A समृद्ध
Bt Brinjal — कीट नियंत्रण
Herbicide-resistant Soybean — खरपतवार नाशक सहनशील

? 13.4 Bt Cotton — भारत की सफलता कहानी

भारत ने 2002 में Bt Cotton को स्वीकृति दी।
? इसमें Bacillus thuringiensis नामक बैक्टीरिया का जीन जोड़ा गया
जो विशेष प्रोटीन (Cry toxin) बनाता है,
जो कपास कीट (Bollworm) को नष्ट करता है।
? परिणाम:
उत्पादन में वृद्धि
कीटनाशकों की खपत में कमी
किसानों की आय में सुधार
"यह भारत में जैवप्रौद्योगिकी की सबसे सफल पहल मानी जाती है।"

? 13.5 गोल्डन राइस — कुपोषण के खिलाफ हथियार

दुनिया भर में लाखों बच्चे विटामिन A की कमी से पीड़ित हैं।
? वैज्ञानिकों ने चावल में डैफोडिल और बैक्टीरिया के जीन जोड़े,
जिससे बीज में β-कैरोटीन (Vitamin A Precursor) बनने लगा।

? यह "Golden Rice" नामक फसल ने
भोजन को औषधि में बदल दिया।
"भविष्य की चिकित्सा, खेतों में उगे भोजन से निकलेगी।"

? 13.6 CRISPR और नई फसल क्रांति

CRISPR तकनीक ने अब जीन संपादन को सरल बना दिया है।
? उपयोग:
गेहूँ में रोग प्रतिरोधकता
चावल में सूखा सहनशीलता
टमाटर में पोषकता बढ़ाना
मूँगफली में एलर्जी हटाना
? CRISPR फसलों में कोई "विदेशी जीन" नहीं,
बल्कि स्वयं का DNA संपादित किया जाता है —
इसलिए ये अधिक सुरक्षित और स्वीकार्य हैं।

? 13.7 जैविक कीट नियंत्रण

अब वैज्ञानिक ऐसे पौधे बना रहे हैं
जो स्वयं हानिकारक कीटों को दूर रखते हैं।
? उदाहरण:
RNA Interference (RNAi) तकनीक से
कीटों के आवश्यक जीन निष्क्रिय कर दिए जाते हैं।
"अब पौधे भी अपने बचाव में सक्षम हैं।"

? 13.8 रोग-प्रतिरोधक फसलें

जीन तकनीक से फसलें अब
वायरस, फफूंद और बैक्टीरिया से बच सकती हैं।
? उदाहरण:
पपीता रिंगस्पॉट वायरस प्रतिरोधी पपीता (Hawaii)
आलू में Late Blight प्रतिरोध
टमाटर में Fusarium प्रतिरोध
"अब फसलें प्रकृति की विपत्तियों से नहीं डरतीं।"

? 13.9 सूखा और लवणीयता सहनशील फसलें

जलवायु परिवर्तन के कारण
सूखा और मिट्टी की लवणता बढ़ रही है।
? जीन तकनीक से ऐसे पौधे बनाए गए हैं
जो कम पानी या खारे पानी में भी उग सकते हैं।
? उदाहरण:
DREB1A जीन — सूखा सहनशील गेहूँ
SOS1 जीन — लवण सहनशील धान
"हर बूँद अब अधिक जीवन दे सकती है।"

? 13.10 पोषण सुधार (Biofortification)

जीन तकनीक से फसलों के पोषक तत्व बढ़ाना —
"Biofortification" कहलाता है।
? उदाहरण:
आयरन व जिंक युक्त धान
ओमेगा-3 युक्त सोयाबीन
उच्च लाइकोपीन टमाटर
? यह तकनीक "Hidden Hunger" यानी सूक्ष्म पोषक कमी से लड़ने का उपाय है।

? 13.11 पशुपालन में जीन तकनीक

जीन तकनीक केवल पौधों में ही नहीं,
पशुओं में भी चमत्कार ला रही है।
? प्रमुख उपयोग:
1?? रोग प्रतिरोधक पशु:
स्वाइन फ्लू प्रतिरोधी सूअर
TSE-मुक्त गायें
2?? दुग्ध उत्पादन में वृद्धि:
BST हार्मोन जीन का उपयोग
3?? औषधीय पशु (Pharming):
बकरी के दूध में इंसुलिन या एंटीथ्रॉम्बिन बनाना
4?? क्लोनिंग और जीन संपादन:
Dolly भेड़ से CRISPR बछड़ा तक यात्रा

"अब पशुपालन केवल पोषण नहीं,
चिकित्सा का साधन भी है।"

? 13.12 पर्यावरणीय प्रभाव और सावधानियाँ

हर तकनीक के साथ उत्तरदायित्व आता है।
GM फसलों के कुछ संभावित जोखिम हैं:
पारिस्थितिक असंतुलन
कीट प्रतिरोध का विकास
परागण से जीन फैलाव
? समाधान:
Biosafety परीक्षण
नियंत्रित क्षेत्रीय उपयोग
पारदर्शी नियामक नीति
"विज्ञान तभी स्थायी है,
जब वह प्रकृति के साथ संवाद करता है।"

? 13.13 भारत में कृषि जीन तकनीक

भारत ने इस क्षेत्र में उल्लेखनीय प्रगति की है:
? पहलें:
ICAR-NIPB: पौध जीनोम अनुसंधान
DBT: फसल सुधार कार्यक्रम
Bt Cotton (2002): सफलता
Dhara Mustard Hybrid (DMH-11): स्वीकृति प्रक्रिया में
"भारत अब खाद्य सुरक्षा से जीन सुरक्षा की ओर बढ़ रहा है।"

? 13.14 भविष्य — चौथी हरित क्रांति

पहली हरित क्रांति ने
उपज बढ़ाई, पर पर्यावरणीय दबाव बढ़ाया।
अब चौथी हरित क्रांति (Green 4.0)
स्मार्ट, टिकाऊ और आनुवांशिक नवाचारों पर आधारित होगी।
? विशेषताएँ:
Climate-Resilient Crops

Precision Agriculture
CRISPR-based Seed Innovation
AI + Genomics Integration
“भविष्य की खेती प्रयोगशाला, उपग्रह और खेत — तीनों का संगम होगी।”

? 13.15 निष्कर्ष

कृषि और पशुपालन में जीन तकनीक
केवल उत्पादन नहीं बढ़ा रही,
बल्कि मानवता के अस्तित्व को स्थिर कर रही है।
“अब खेत केवल अन्न नहीं,
ज्ञान भी उगाते हैं।”
यह तकनीक तभी सार्थक होगी,
जब यह भोजन, पर्यावरण और समानता — तीनों को साथ लेकर चले।

? मुख्य विचार:

“धरती में बीज डालने से पहले
अब हम जीनों में भविष्य बो रहे हैं।”

14

? अध्याय 14

बायोटेक्नोलॉजी और जीनोमिक क्रांति

(Biotechnology and the Genomic Revolution)

? 14.1 परिचय — जब जीवन प्रयोगशाला बन गया

विज्ञान के इतिहास में कुछ क्षण ऐसे होते हैं
जब खोजें केवल ज्ञान नहीं, बल्कि सभ्यता की दिशा बदल देती हैं।
? जैसे आग का नियंत्रण → तकनीकी क्रांति
?? जैसे भाप इंजन → औद्योगिक क्रांति
? जैसे बिजली → आधुनिक सभ्यता
? जैसे इंटरनेट → सूचना क्रांति
और अब —
? DNA अनुक्रमण और जीन संपादन → जैव क्रांति (Biological Revolution)
"अब हम केवल प्रकृति को समझते नहीं —
हम उसके कोड के साथ काम करने लगे हैं।"

? 14.2 बायोटेक्नोलॉजी — परिभाषा और आधार

"बायोटेक्नोलॉजी वह विज्ञान है
जो जीवित प्रणालियों, कोशिकाओं और जीनों का उपयोग

उपयोगी उत्पाद या तकनीक बनाने में करता है।"
यह विज्ञान जीवविज्ञान, रसायन विज्ञान, सूचना विज्ञान और इंजीनियरिंग का संगम है।

? आधारभूत स्तंभ:

1?? डीएनए और जीन की समझ
2?? आनुवांशिक इंजीनियरिंग
3?? सूक्ष्मजीव प्रौद्योगिकी
4?? बायोइंफॉर्मेटिक्स
5?? सिस्टम्स बायोलॉजी

? 14.3 जीनोमिक्स — जीवन की पूर्ण रूपरेखा

"Genomics" का अर्थ है —

किसी जीव के संपूर्ण डीएनए अनुक्रम का अध्ययन और उपयोग।
यह केवल "कौन-से जीन हैं" नहीं,
बल्कि "वे कैसे कार्य करते हैं, परस्पर कैसे जुड़ते हैं" का अध्ययन है।

जीनोमिक्स के प्रमुख क्षेत्र:

प्रकार	विवरण
Structural Genomics	जीन अनुक्रम और मानचित्रण
Functional Genomics	जीनों के कार्य का अध्ययन
Comparative Genomics	विभिन्न जीवों के जीनोम की तुलना
Metagenomics	सूक्ष्मजीव समुदायों का सामूहिक जीनोम
Pharmacogenomics	जीन आधारित दवा विज्ञान

? 14.4 बायोटेक्नोलॉजी का इतिहास

काल	उपलब्धियाँ
1953	DNA संरचना की खोज (Watson & Crick)
1973	Recombinant DNA तकनीक
1983	PCR (Polymerase Chain Reaction)
1990	Human Genome Project की शुरुआत
2003	मानव जीनोम पूरा
2012	CRISPR-Cas9 जीन एडिटिंग
2020	mRNA वैक्सीन क्रांति

"हर दशक ने जीवन को एक नया अर्थ दिया है।"

? 14.5 जैव क्रांति — एक नई औद्योगिक दिशा

अब जीव विज्ञान केवल प्रयोगशाला विषय नहीं,
बल्कि एक प्रौद्योगिक उद्योग (Bioindustry) बन चुका है।
? आज “Global Biotechnology Market”
$1 ट्रिलियन डॉलर से अधिक का है
और तेजी से बढ़ रहा है।
मुख्य क्षेत्र:
1?? हेल्थकेयर बायोटेक
2?? कृषि बायोटेक
3?? औद्योगिक बायोटेक
4?? पर्यावरण बायोटेक
5?? बायोइंफॉर्मेटिक्स

? 14.6 स्वास्थ्य में बायोटेक्नोलॉजी

? 1?? जीन आधारित दवाएँ
“Biopharmaceuticals” —
वे दवाएँ जो जैव प्रणाली से बनाई जाती हैं।
? उदाहरण:
इंसुलिन (Recombinant DNA से)
इंटरफेरॉन (कैंसर उपचार)
मोनोक्लोनल एंटीबॉडी (Targeted Therapy)
? 60% नई दवाएँ बायोटेक्नोलॉजी से आती हैं।
? 2?? वैक्सीन क्रांति
COVID-19 महामारी ने दिखाया कि
mRNA वैक्सीन (Pfizer, Moderna)
कितनी तेज़ और प्रभावी हैं।
“अब वायरस को हराने के लिए
हम उसकी भाषा में ही जवाब देते हैं।”
? 3?? जीन थेरेपी और CRISPR
अब दवा जीन के स्तर पर बनाई जा रही है —
“जीन थेरेपी” इसका उदाहरण है।
? भविष्य की चिकित्सा होगी —

"एक रोगी, एक जीनोम, एक उपचार।"

? 14.7 कृषि में बायोटेक्नोलॉजी

कृषि में आनुवांशिक क्रांति ने
भोजन उत्पादन, पोषण और स्थिरता तीनों में सुधार किया है।
? प्रमुख नवाचार:
Bt Cotton, Golden Rice, Herbicide-resistant Soybean
CRISPR फसलें (Disease & Drought Resistant)
जैव उर्वरक, जैव कीटनाशक
"अब खेतों में भी जीनोमिक योजना चल रही है।"

? 14.8 औद्योगिक बायोटेक्नोलॉजी

"Nature is the best factory."
सूक्ष्मजीवों का उपयोग अब उद्योगों में किया जा रहा है —
? उदाहरण:
एंजाइम उत्पादन (Detergents, Food)
जैव ईंधन (Ethanol, Biodiesel)
बायोप्लास्टिक
जैव अपशिष्ट प्रबंधन
? इससे प्रदूषण कम और ऊर्जा दक्षता बढ़ी है।

? 14.9 पर्यावरण संरक्षण में भूमिका

बायोटेक्नोलॉजी अब "हरी तकनीक (Green Tech)" का हिस्सा है।
? उदाहरण:
Bioremediation: प्रदूषित भूमि और जल की सफाई
Biofilters: औद्योगिक गैसों का शुद्धिकरण
GM पौधे: कार्बन अवशोषण क्षमता बढ़ाना
"अब प्रकृति को बचाने के लिए
हम प्रकृति की ही शक्ति का उपयोग कर रहे हैं।"

? 14.10 व्यक्तिगत चिकित्सा (Personalized Medicine)

हर व्यक्ति का जीनोम अलग है,
इसलिए हर व्यक्ति के लिए दवा भी अलग होनी चाहिए।
? उदाहरण:
कैंसर उपचार में जीन प्रोफाइलिंग
हृदय रोगों में दवा अनुकूलन
मानसिक रोगों के जीन आधारित उपचार
"अब चिकित्सा एक व्यक्ति की जीवविज्ञान के अनुसार होगी।"

? 14.11 बायोइंफॉर्मेटिक्स — जीनोमिक डेटा का विज्ञान

मानव जीनोम में 3 अरब बेस पेयर हैं।
इसे पढ़ना एक बात है, समझना दूसरी।
? बायोइंफॉर्मेटिक्स —
"वह विज्ञान जो जीनोमिक डेटा को संगठित, विश्लेषित और उपयोग करता है।"
? उपयोग:
जीन पहचान
प्रोटीन संरचना पूर्वानुमान
दवा लक्ष्य खोज
"जहाँ डेटा है, वहीं भविष्य का निदान है।"

? 14.12 सिंथेटिक बायोलॉजी — जीवन का निर्माण

अब वैज्ञानिक प्राकृतिक जीवों को नहीं,
बल्कि नये जीव (Synthetic Organisms) बना रहे हैं।
? उदाहरण:
कृत्रिम कोशिका निर्माण (Craig Venter, 2010)
Synthetic Yeast Chromosomes
Carbon-neutral जीव
"हम अब जीवन की व्याकरण में नए वाक्य लिख रहे हैं।"

? 14.13 बायोइकोनॉमी — भविष्य की अर्थव्यवस्था

विश्व बैंक और OECD के अनुसार,
2030 तक Bioeconomy वैश्विक GDP का 5–8% हिस्सा बनेगी।
? भारत में "National Bioeconomy Policy" 2022 जारी की गई।

लक्ष्य:
"2030 तक $150 अरब की बायोइकोनॉमी।"
? कृषि, औषधि, पर्यावरण और उद्योग —
सबमें जैव-नवाचार केंद्र में रहेगा।

? 14.14 नैतिक और सामाजिक चिंताएँ

हर क्रांति के साथ प्रश्न उठते हैं —
क्या हम जीवन को व्यावसायिक वस्तु बना रहे हैं?
क्या जीन संपादन का दुरुपयोग संभव है?
क्या जैव विविधता पर असर होगा?
"विज्ञान को दिशा केवल ज्ञान नहीं,
करुणा देती है।"

? 14.15 निष्कर्ष — एक नया युग आरंभ

जीनोमिक क्रांति ने हमें यह एहसास कराया कि
"जीवन पढ़ा जा सकता है, बदला जा सकता है, और सुधारा जा सकता है।"
यह मानवता का सबसे शक्तिशाली औज़ार है —
पर साथ ही सबसे जिम्मेदार भी।
? अब भविष्य वह नहीं जो घटेगा,
बल्कि जो हम डिज़ाइन करेंगे।

? मुख्य विचार:

"बायोटेक्नोलॉजी ने प्रयोगशाला को जीवन में बदल दिया,
और जीनोमिक्स ने जीवन को डेटा में।"

15

? अध्याय 15

मानव जीनोमिक्स और व्यक्तिगत चिकित्सा

(Human Genomics and Personalized Medicine)

? 15.1 परिचय — जब चिकित्सा ने नाम नहीं, चेहरा देखा

पारंपरिक चिकित्सा सदियों से एक समान थी —
“हर रोग के लिए एक ही दवा।”
परंतु हर व्यक्ति अलग है —
उसके जीन, शरीर, और प्रतिक्रियाएँ भी भिन्न हैं।
? किसी को दवा लाभ देती है,
किसी को नुकसान।
अब विज्ञान कहता है:
“हर व्यक्ति का रोग, जोखिम और उपचार उसके जीन से जुड़ा है।”
यह नई दिशा है —
“Personalized Medicine”
या जीनोमिक चिकित्सा (Genomic Medicine)।

? 15.2 व्यक्तिगत चिकित्सा की अवधारणा

“Personalized Medicine वह दृष्टिकोण है

जिसमें प्रत्येक व्यक्ति के आनुवांशिक, जैविक और पर्यावरणीय डेटा के आधार पर निदान, उपचार और रोकथाम की योजना बनाई जाती है।"
इसका लक्ष्य है —
सही व्यक्ति को
सही समय पर
सही दवा देना

? 15.3 जीनोमिक्स की भूमिका

मानव जीनोम प्रोजेक्ट (2003) ने पहली बार
मनुष्य के संपूर्ण डीएनए अनुक्रम को पढ़ा।
अब वैज्ञानिक यह पहचान सकते हैं —
कौन-से जीन किस रोग से जुड़े हैं
कौन-से जीन दवा पर कैसे प्रतिक्रिया करते हैं
"अब रोग केवल लक्षण नहीं,
बल्कि आनुवांशिक हस्ताक्षर हैं।"

? 15.4 फार्माकोजीनोमिक्स (Pharmacogenomics)

हर व्यक्ति की दवा प्रतिक्रिया अलग होती है —
इसका कारण है उसके जीन।
"Pharmacogenomics" वह विज्ञान है
जो बताता है कि किसी व्यक्ति के जीन
दवा के प्रभाव, अवशोषण, और दुष्प्रभाव को कैसे प्रभावित करते हैं।
? उदाहरण:
दवा संबंधित जीन प्रभाव
Warfarin CYP2C9, VKORC1 रक्तस्राव जोखिम
Clopidogrel CYP2C19 दिल का दौरा रोकने में प्रभाव
Codeine CYP2D6 Morphine में परिवर्तन दर
Statins SLCO1B1 मांसपेशी क्षति
"अब डॉक्टर दवा नहीं,
जीन के अनुसार दवा देंगे।"

? 15.5 रोग जोखिम की भविष्यवाणी

जीनोमिक विश्लेषण अब बता सकता है
कि किसी व्यक्ति में भविष्य में
कौन-से रोग होने की संभावना अधिक है।
? उदाहरण:
BRCA1/2 जीन → स्तन/अंडाशय कैंसर जोखिम
APOE ε4 → अल्ज़ाइमर जोखिम
HLA-B27 → गठिया रोग संभावना
? इससे व्यक्ति जीवनशैली बदलकर
रोग की रोकथाम कर सकता है।
"अब चिकित्सा केवल इलाज नहीं,
पूर्वानुमान है।"

? 15.6 कैंसर जीनोमिक्स

कैंसर अब एक ही रोग नहीं,
बल्कि जीन उत्परिवर्तन का संग्रह है।
? उदाहरण:
HER2 → स्तन कैंसर
EGFR, ALK, KRAS → फेफड़ों का कैंसर
BRAF → त्वचा कैंसर
? अब उपचार इन जीनों पर केंद्रित है —
"Targeted Therapy" और "Immunotherapy"
"अब कैंसर की पहचान स्थान से नहीं,
जीन से होती है।"

? 15.7 जीनोमिक डायग्नोस्टिक्स

अब रक्त की एक बूँद से
आपका पूरा जीनोमिक प्रोफ़ाइल तैयार किया जा सकता है।
? प्रमुख तकनीकें:
Whole Genome Sequencing (WGS)
Whole Exome Sequencing (WES)
SNP Microarray
Liquid Biopsy (cfDNA Analysis)
? इससे निदान सटीक, तेज़ और व्यक्तिगत हो गया है।

? 15.8 Rare Diseases — आनुवांशिक पहचान

दुनिया में 7000 से अधिक "Rare Genetic Disorders" हैं।
इनमें से कई का निदान वर्षों तक नहीं हो पाता था।
अब जीनोमिक्स से रोग का कारण तुरंत पता चल जाता है।
? उदाहरण:
माइटोकॉन्ड्रियल रोग
न्यूरोमस्कुलर डिसऑर्डर
जन्मजात एंजाइम विकार
"जहाँ पहले रोग रहस्य था,
अब वहाँ नाम और निदान है।"

? 15.9 डिजिटल जीनोमिक चिकित्सा

कृत्रिम बुद्धिमत्ता (AI) अब जीनोमिक डेटा का विश्लेषण कर सकती है।
? AI आधारित प्लेटफ़ॉर्म अब:
रोग जोखिम मॉडल बनाते हैं
जीन-दवा संगति खोजते हैं
रोगी डेटा की तुलना करते हैं
"AI + Genomics = भविष्य की चिकित्सा"

? 15.10 निवारक चिकित्सा (Preventive Genomics)

अब लक्ष्य केवल इलाज नहीं,
बल्कि रोकथाम है।
? जीन परीक्षण से:
कैंसर जोखिम
हृदय रोग प्रवृत्ति
मधुमेह संवेदनशीलता
पहले ही पहचानी जा सकती है।
? इससे व्यक्ति को
"Wellness Plan" व्यक्तिगत रूप से दिया जा सकता है।

? 15.11 माइक्रोबायोम और व्यक्तिगत स्वास्थ्य

हमारे शरीर में लगभग 3 ट्रिलियन सूक्ष्मजीव हैं।
यह हमारा “दूसरा जीनोम” है।
? Gut Microbiome हमारे:
पाचन
प्रतिरक्षा
मानसिक स्वास्थ्य
को प्रभावित करता है।
अब Microbiome Analysis से
व्यक्तिगत आहार और चिकित्सा योजना बन रही है।
“हम अकेले नहीं हैं —
हमारे भीतर एक और जीवन जी रहा है।”

? 15.12 जीन थेरेपी और जीन एडिटिंग

अब आनुवांशिक रोगों का स्थायी उपचार संभव है —
क्योंकि हम जीन स्तर पर सुधार कर सकते हैं।
? उदाहरण:
Sickle Cell Anemia: CRISPR से सुधार
Hemophilia: AAV Gene Therapy
Blindness (LCA): RPE65 सुधार
“जहाँ पहले भाग्य लिखा था,
अब वहाँ विज्ञान लिख रहा है।”

? 15.13 नैतिक और सामाजिक चिंताएँ

व्यक्तिगत चिकित्सा में जीन डेटा का उपयोग
कई प्रश्न उठाता है:
क्या यह डेटा सुरक्षित रहेगा?
बीमा कंपनियाँ इसका दुरुपयोग करेंगी?
क्या “जीन भेदभाव” संभव है?
? इसलिए आवश्यक है —
“Ethical Genomics Policy & Informed Consent.”

? 15.14 भारत में जीनोमिक पहलें

भारत तेजी से Genomic Medicine की ओर बढ़ रहा है।

? प्रमुख कार्यक्रम:
Genome India Project (2020): 10,000 भारतीय जीनोम
IndiGen Initiative (CSIR): व्यक्तिगत स्वास्थ्य
Genomics for Precision Health (ICMR)
"भारत विविधता में समृद्ध है —
इसलिए भारतीय जीनोम विश्व के लिए अद्वितीय ख़ज़ाना है।"

? 15.15 निष्कर्ष

व्यक्तिगत चिकित्सा हमें यह सिखाती है —

"हर रोगी केवल रोग नहीं,
एक अनूठा आनुवांशिक संसार है।"
यह दृष्टिकोण चिकित्सा को
मानवीय, सटीक और भविष्यनिष्ठ बनाता है।
"जहाँ पहले डॉक्टर रोग देखते थे,
अब वे व्यक्ति को देखते हैं।"

? मुख्य विचार:

"चिकित्सा का भविष्य व्यक्तिगत है,
क्योंकि हर जीन अपनी कहानी कहता है।"

16

? अध्याय 16

मानव जीनोम प्रोजेक्ट — जीवन का मानचित्र

(The Human Genome Project: Mapping the Blueprint of Life)

? 16.1 प्रस्तावना — जब विज्ञान ने जीवन पढ़ा

मानव इतिहास में हमेशा यह प्रश्न रहा:
"जीवन कैसे चलता है?"
20वीं सदी के उत्तरार्ध में यह प्रश्न बदल गया:
"जीवन कैसे लिखा गया है?"
और इस प्रश्न का उत्तर देने के लिए
मानवता ने आरंभ किया —
The Human Genome Project (HGP)
? यह केवल एक वैज्ञानिक प्रयोग नहीं था —
यह सभ्यता का आत्म-चित्रण था।

? 16.2 जीनोम क्या है?

“जीनोम (Genome)” —
किसी जीव का संपूर्ण आनुवांशिक पदार्थ (DNA) होता है।
हर मनुष्य के शरीर की हर कोशिका में
लगभग 3 अरब बेस पेयर (A, T, G, C) और
करीब 20,000–25,000 जीन होते हैं।
? यही अनुक्रम तय करते हैं कि
हमारा शरीर, दिमाग, और व्यक्तित्व कैसा होगा।
“जीनोम वह पुस्तक है
जिसमें जीवन के अध्याय लिखे हैं।”

? 16.3 परियोजना का आरंभ

? 1984–1990:
विचार और योजना बनी —
मानव डीएनए के हर अक्षर को पढ़ा जाए।
? 1990:
Human Genome Project आधिकारिक रूप से शुरू हुआ।
? संस्थाएँ:
U.S. Department of Energy (DOE)
National Institutes of Health (NIH)
? 18 देशों के वैज्ञानिक जुड़े —
भारत, अमेरिका, ब्रिटेन, जापान, फ्रांस, चीन, जर्मनी आदि।
? लक्ष्य:
“मानव डीएनए का संपूर्ण अनुक्रम निर्धारण और जीनों की पहचान।”

? 16.4 उद्देश्य

HGP के प्रमुख उद्देश्य थे:
1?? मानव जीनोम का पूर्ण अनुक्रमण
2?? सभी जीनों की पहचान
3?? जीनों का कार्य निर्धारण
4?? रोग-संबंधी जीनों का मानचित्रण
5?? डेटा संग्रह और मुक्त उपयोग
6?? नैतिक, कानूनी और सामाजिक प्रभावों (ELSI) का अध्ययन
“यह परियोजना विज्ञान और नैतिकता — दोनों का संगम थी।”

? 16.5 तकनीकें

इस परियोजना में प्रयोग हुईं प्रमुख तकनीकें:

तकनीक कार्य

Sanger Sequencing DNA के छोटे-छोटे हिस्से पढ़ना

Shotgun Sequencing पूरे जीनोम को टुकड़ों में बाँटकर अनुक्रमण

Bioinformatics डेटा विश्लेषण और संकलन

Genetic Mapping जीनों की स्थिति पहचान

? यह उस समय की सबसे जटिल कंप्यूटेशनल चुनौती थी —

3 अरब अक्षरों की "जीवित पुस्तक" पढ़ना।

? 16.6 वैज्ञानिक सहयोग — विज्ञान का वैश्विक संगम

HGP में सैकड़ों प्रयोगशालाएँ,

हजारों वैज्ञानिक,

और लाखों घंटे लगे।

? यह पहला अवसर था जब विज्ञान ने

देशों की सीमाएँ पार कीं।

? प्रमुख केंद्र:

Celera Genomics (Private Sector)

Sanger Centre (UK)

DOE & NIH (USA)

RIKEN (Japan)

CNRS (France)

"यह मानवता की पहली वैश्विक प्रयोगशाला थी।"

? 16.7 सार्वजनिक बनाम निजी प्रतिस्पर्धा

1998 में Celera Genomics कंपनी (Craig Venter)

ने घोषणा की —

वह HGP से तेज़ अनुक्रमण करेगी।

? इससे प्रतिस्पर्धा शुरू हुई —

सार्वजनिक बनाम निजी विज्ञान।

परंतु अंततः,

? 2003 में दोनों ने संयुक्त रूप से घोषणा की —
मानव जीनोम का प्रथम प्रारूप पूरा हो चुका है।
? यह प्रतीक था —
"ज्ञान का कोई स्वामी नहीं,
यह मानवता की साझा संपत्ति है।"

? 16.8 उपलब्धियाँ

? प्रमुख निष्कर्ष:
1?? जीनोम में ~3.2 अरब बेस पेयर
2?? लगभग 20,500 प्रोटीन-कोडिंग जीन
3?? जीनोम का 98% हिस्सा "Non-coding DNA"
4?? मनुष्यों में 99.9% समानता
"हम जितने भिन्न दिखते हैं,
उतने ही समान भीतर हैं।"

? 16.9 प्रमुख खोजें

? HGP ने स्पष्ट किया —
एक ही जीन अनेक प्रोटीन बना सकता है।
"जंक डीएनए" वास्तव में नियामक कार्य करता है।
रोग केवल एक जीन की त्रुटि नहीं,
बल्कि जीन नेटवर्क का असंतुलन है।
? यह परियोजना चिकित्सा के नए युग की नींव बनी —
"Genomic Medicine."

? 16.10 रोगों की पहचान में योगदान

HGP के बाद,
हजारों आनुवांशिक रोगों का कारण पता चला:
? उदाहरण:
Cystic Fibrosis (CFTR)
Huntington's (HTT)
BRCA1/2 (Breast Cancer)
APC (Colon Cancer)

Sickle Cell (HBB)
"अब रोग रहस्य नहीं, जीनोमिक संकेत हैं।"

? 16.11 मानव विविधता की समझ

जीनोम विश्लेषण से स्पष्ट हुआ —
सभी मनुष्य मूलतः समान हैं,
नस्ल और जाति जैविक अवधारणा नहीं।
? 99.9% समानता हमें जोड़ती है,
0.1% विविधता हमें अनूठा बनाती है।
"हम एक ही गीत के भिन्न सुर हैं।"

? 16.12 "ELSI" — नैतिक, कानूनी और सामाजिक प्रभाव

HGP ने शुरुआत से यह सुनिश्चित किया
कि विज्ञान नैतिकता से जुड़ा रहे।
? "Ethical, Legal and Social Implications (ELSI)" कार्यक्रम
HGP का अभिन्न भाग था।
? इसमें अध्ययन हुआ:
जीन गोपनीयता
बीमा और रोजगार भेदभाव
जीन परीक्षण की सीमाएँ
नैतिक प्रयोग
"यह पहली परियोजना थी जिसने वैज्ञानिक प्रगति के साथ
सामाजिक जिम्मेदारी भी निभाई।"

? 16.13 भारत की भूमिका

भारत ने Centre for DNA Fingerprinting and Diagnostics (CDFD)
और IGIB जैसे संस्थानों के माध्यम से योगदान दिया।
अब "Genome India Project" (2020)
भारत का अपना Genomic Atlas बना रहा है।
"हर देश का जीनोम,

वैश्विक समझ का एक अंश है।”

? 16.14 बाद की परियोजनाएँ

? HGP के बाद:

ENCODE Project (2003–Present):
Non-coding DNA के कार्यों का अध्ययन।
1000 Genomes Project (2008–2015):
वैश्विक आनुवांशिक विविधता।
Human Cell Atlas (2016–):
प्रत्येक कोशिका का आनुवांशिक प्रोफ़ाइल।
? यह HGP का विस्तार है —
अब हम केवल जीन नहीं,
उनके संगीत को भी समझ रहे हैं।

? 16.15 निष्कर्ष — जीवन की भाषा पढ़ी जा चुकी है

2003 में जब मानव जीनोम पूरा हुआ,
तो वैज्ञानिकों ने कहा:
“हमने वह पुस्तक पढ़ ली है
जो 3 अरब अक्षरों में जीवन को लिखती है।”
यह केवल एक प्रयोग नहीं,
बल्कि मानवता का आत्मदर्शन था।
“पहली बार, हम स्वयं को भीतर से देख सके।”
अब प्रश्न यह नहीं कि —
हम क्या हैं,
बल्कि —
“हम अपने ज्ञान से क्या बनेंगे?”

? मुख्य विचार:

“Human Genome Project वह दर्पण है
जिसमें मानवता ने पहली बार अपनी जैविक आत्मा देखी।”

17

? अध्याय 17

एपिजेनेटिक युग और चेतना की जीनोमिक समझ

(The Epigenetic Era and the Genomic Understanding of Consciousness)

? 17.1 परिचय — जब विज्ञान आत्मा के द्वार पर पहुँचा

20वीं सदी तक विज्ञान केवल शरीर तक सीमित था —
वह डीएनए, जीन और प्रोटीन के रूप में जीवन की व्याख्या करता था।
परंतु 21वीं सदी में विज्ञान ने यह देखा कि
"एक ही जीन वाले लोग —
अलग सोचते हैं, महसूस करते हैं, और जीते हैं।"
तो प्रश्न उठा:
? क्या जीन केवल कोड हैं,
या चेतना से भी प्रभावित होते हैं?
और यहीं से शुरू हुआ —
"Epigenetic Era"
एक ऐसा युग जहाँ अनुभव, विचार और भावनाएँ भी जीनों की भाषा बदल सकते हैं।

? 17.2 जीनोमिक चेतना की परिकल्पना

"जीन वह जीवित लिपि हैं
जो चेतना के संकेतों को जैविक रूप देते हैं।"
प्रत्येक जीन केवल एक यांत्रिक अनुक्रम नहीं,
बल्कि वह संवेदनशील सूचना है
जो शरीर, मन और पर्यावरण के बीच
संवाद (communication) का माध्यम है।
? जब हम सोचते हैं, तनाव में होते हैं,
या प्रेम महसूस करते हैं —
तो शरीर में रासायनिक संकेत (hormones, neurotransmitters)
जीनों तक पहुँचते हैं
और उनकी सक्रियता बदल देते हैं।
"विचार, भावना और जीन — तीनों एक ही वाक्य के हिस्से हैं।"

? 17.3 चेतना का जैविक आयाम

? (A) न्यूरोजेनेटिक चेतना
मस्तिष्क के जीन (जैसे BDNF, COMT, DRD2)
हमारी सीखने, निर्णय लेने और भावनात्मक स्थिरता को प्रभावित करते हैं।
? उदाहरण:
BDNF जीन ध्यान और स्मृति बढ़ाता है।
COMT जीन तनाव के दौरान मस्तिष्क की कार्यक्षमता नियंत्रित करता है।
? (B) अनुभवजन्य चेतना
हर अनुभव मस्तिष्क में न्यूरल पाथवे बनाता है,
जो जीन सक्रियता को स्थायी रूप से बदल सकते हैं।
? इसे "Epigenetic Memory" कहा जाता है।
? उदाहरण:
बचपन का तनाव → NR3C1 जीन में मिथाइलेशन
संगीत प्रशिक्षण → न्यूरॉन प्लास्टिसिटी जीन सक्रिय
"हर अनुभव एक जैविक हस्ताक्षर छोड़ जाता है।"

? 17.4 एपिजेनेटिक्स — जीनों के ऊपर की भाषा

"Epigenetics वह विज्ञान है

जिसमें डीएनए बदले बिना,
जीनों की अभिव्यक्ति बदल जाती है।"
? मुख्य तंत्र:
1?? DNA Methylation – जीन चुप होते हैं
2?? Histone Modification – जीन खुलते या बंद होते हैं
3?? Non-coding RNA – जीन संदेश नियंत्रित करते हैं
इन प्रक्रियाओं को प्रभावित करते हैं:
? धूप, ?? आहार, ? नींद, ? ध्यान, ? विचार, ❤? भावनाएँ।
"हमारा व्यवहार जीनों की भाषा में अनुवादित होता है।"

? 17.5 चेतना और जीन सक्रियता

वैज्ञानिक शोध बताते हैं कि
हमारी मानसिक अवस्था जीन स्तर पर बदलाव लाती है।
? उदाहरण:
ध्यान करने वालों में Inflammation Genes निष्क्रिय,
Immunity Genes सक्रिय (Harvard, 2018)।
तनाव में Cortisol Pathway Genes अधिक सक्रिय (UCLA, 2015)।
करुणा ध्यान से Telomerase Genes की सक्रियता बढ़ी (UC Davis, 2017)।
? इसका अर्थ:
"मन की शांति, कोशिकाओं की उम्र बढ़ा सकती है।"

? 17.6 भावनाएँ और जीन

हमारी भावनाएँ केवल मानसिक अनुभव नहीं,
बल्कि आणविक संकेत भी हैं।
क्रोध/तनाव: प्रो-इन्फ्लेमेटरी जीन सक्रिय
प्रेम/संतोष: Oxytocin Pathway सक्रिय
कृतज्ञता: सूजन जीन शांत, प्रतिरक्षा जीन सक्रिय
? ध्यान, योग और प्रार्थना जैसी क्रियाएँ
Epigenetic Reset कर सकती हैं।
"भावनाएँ शरीर की भाषा में लिखे विचार हैं।"

? 17.7 वंशानुगत स्मृति

एपिजेनेटिक टैग्स कभी-कभी अगली पीढ़ियों तक जाते हैं।

? उदाहरण:
Dutch Hunger Winter (1944):
अकाल के दौरान जन्मे बच्चों में
दशकों बाद भी मेटाबॉलिक जीन बदलाव।
Mouse Study (2013):
चूहों को विशेष गंध से डराया गया,
उनकी संतान भी उस गंध से भयभीत हुई।
"अनुभव भी विरासत बन सकते हैं।"

? 17.8 योग, ध्यान और चेतन जीनोमिक्स

योग, ध्यान, प्राणायाम जैसे अभ्यास
केवल मन को नहीं,
जीनों को भी पुनर्गठित करते हैं।
? शोध निष्कर्ष:
ध्यान से NF-κB सूजन जीन शांत
प्राणायाम से Telomerase सक्रिय
कृतज्ञता ध्यान से Serotonin Receptor Genes बढ़े
"संतुलित मन, स्वस्थ जीन की भूमिका लिखता है।"

? 17.9 चेतना और रोग

रोग केवल शारीरिक नहीं,
बल्कि चेतना की असंतुलित अभिव्यक्ति भी हो सकता है।
? यदि तनाव स्थायी हो → जीन अभिव्यक्ति बिगड़ती है।
? उदाहरण:
अवसाद → BDNF कम
PTSD → GR जीन मिथाइलेशन
कैंसर → p53 जीन निष्क्रिय
"स्वास्थ्य केवल जीन से नहीं,
जीनों के संवाद से आता है।"

? 17.10 आध्यात्मिक दृष्टि से

भारतीय दर्शन सदियों से कहता आया है —
"जीव आत्मा और प्रकृति दोनों का संगम है।"
अब विज्ञान भी यही देख रहा है:
चेतना (आत्मा) और जीन (प्रकृति)
एक दूसरे से जुड़े हैं।
? जब मन शांत, शरीर संतुलित,
तो जीनों की लय सामंजस्यपूर्ण होती है।
"ध्यान केवल आत्मा को नहीं,
डीएनए को भी प्रभावित करता है।"

? 17.11 एपिजेनेटिक युग — विज्ञान का नया अध्याय

हम अब उस युग में हैं जहाँ —
जीन स्थिर नहीं
नियति लचीली है
अनुभव परिवर्तनकारी है
? अब चिकित्सा, मनोविज्ञान, और दर्शन —
तीनों का संगम "Epigenetic Consciousness" कहलाता है।
"अब विज्ञान केवल देखता नहीं,
महसूस भी करता है।"

? 17.12 भारत की भूमिका

भारतीय परंपराओं —
योग, ध्यान, आयुर्वेद —
सदैव "मन-शरीर-संवाद" पर केंद्रित रही हैं।
अब इनका वैज्ञानिक सत्यापन
एपिजेनेटिक शोधों से हो रहा है।
? AIIMS, ICMR और IIT जैसे संस्थान
"Mind-Body Genomics" पर कार्यरत हैं।
"जो सदियों से ध्यान में जाना गया,
अब प्रयोगशाला में सिद्ध हो रहा है।"

? 17.13 चेतना और डीएनए का नृत्य

हर विचार एक तरंग है,
जो कोशिका तक पहुँचती है।
हर जीन एक संवेदना है,
जो उस तरंग का उत्तर देता है।
"जब मन गाता है,
जीन सुनते हैं।"

? 17.14 दार्शनिक निष्कर्ष

जीन चेतना का प्रतिबिंब हैं —
वे केवल पदार्थ नहीं, अर्थ भी धारण करते हैं।
? अब हमें यह समझना होगा कि
विकास केवल शरीर का नहीं,
चेतना का भी आनुवांशिक विस्तार है।
"जीन केवल जीवन के अंश नहीं,
आत्मा के अक्षर हैं।"

? 17.15 निष्कर्ष

एपिजेनेटिक्स ने हमें यह सिखाया कि
"हम जीनों के गुलाम नहीं,
उनके सह-लेखक हैं।"
हमारी सोच, भावनाएँ और कर्म —
सब जीनों पर अंक छोड़ते हैं।
"जब हम भीतर बदलते हैं,
हमारा डीएनए भी मुस्कुराता है।"

? मुख्य विचार:

"चेतना वह संगीत है
जिसके सुरों पर जीन नृत्य करते हैं।"

18

? अध्याय 18

जीन और नैतिकता — जीवन में ईश्वर की भूमिका

(Genes, Ethics, and the Divine Dimension of Life)

? 18.1 प्रस्तावना — जब मनुष्य निर्माता बनने लगा

मनुष्य ने जीनों की खोज की,
फिर उन्हें पढ़ना सीखा,
और अब उन्हें लिखना भी सीख गया।
"प्रकृति के कोड में संपादन अब संभव है —
पर प्रश्न यह है कि क्या यह उचित है?"
अब मनुष्य के पास वह शक्ति है
जो पहले केवल "ईश्वर" के पास मानी जाती थी —
जीवन रचना, संशोधन और समाप्ति की।
? यह विज्ञान का सबसे बड़ा अवसर है,
पर साथ ही सबसे बड़ी जिम्मेदारी भी।

? 18.2 नैतिकता का आधार

"Ethics" — वह विज्ञान है जो बताता है
कि क्या किया जा सकता है और क्या किया जाना चाहिए में फर्क क्या है।

आनुवांशिक विज्ञान में नैतिकता का अर्थ है —
"वह सीमा जहाँ विज्ञान मानवता की गरिमा का सम्मान करे।"

? 18.3 जीन संपादन और नैतिकता

CRISPR जैसी तकनीक ने मनुष्य को
जीन संपादन (Gene Editing) की शक्ति दी है।
अब प्रश्न उठता है:
क्या भ्रूण के जीन संपादित करना उचित है?
क्या हम "डिज़ाइनर बेबी" बना सकते हैं?
क्या रोग सुधार और बुद्धिमत्ता सुधार में कोई सीमा है?
? उदाहरण:
2018 में चीनी वैज्ञानिक He Jiankui ने
जुड़वाँ बच्चों के जीन बदले (HIV प्रतिरोध के लिए)।
विश्व ने इसे "वैज्ञानिक अपराध" कहा।
"जहाँ विज्ञान नैतिकता से अलग हो जाए,
वहाँ प्रगति खतरनाक बन जाती है।"

? 18.4 ईश्वर की भूमिका — क्या हम सृष्टि में हस्तक्षेप कर रहे हैं?

भारतीय दर्शन कहता है —
"जीवन एक पवित्र ऊर्जा है,
जो चेतना और प्रकृति के संयोग से उत्पन्न होती है।"
जब हम जीन संपादित करते हैं,
तो हम इस ऊर्जा के प्रवाह को बदलते हैं।
? क्या यह केवल तकनीकी कार्य है?
या एक आध्यात्मिक हस्तक्षेप?
? गिता कहती है —
"कर्म करते हुए भी मनुष्य ईश्वर नहीं बनता;
जब वह परिणाम का स्वामी बनता है, तब अहंकार आरंभ होता है।"
विज्ञान को भी यह स्मरण रखना होगा —
सृजन की शक्ति, विनम्रता के साथ होनी चाहिए।

? 18.5 "Designer Babies" — विज्ञान या वर्चस्व?

CRISPR तकनीक से अब संभव है
कि हम बच्चों के जीन चुनें —
ऊँचाई, बुद्धि, रंग, प्रतिभा।
पर इससे समाज में नया विभाजन पैदा होगा:
“Genetic Rich” बनाम “Genetic Poor।”
? क्या यह मानवता को श्रेष्ठता के अहंकार की ओर ले जाएगा?
क्या हम विविधता खो देंगे?
? डॉ. फ्रांसिस कॉलिन्स (HGP प्रमुख) ने कहा था —
“हम ईश्वर का कार्य न करें;
हमें केवल उसके कार्य को समझने का प्रयास करना चाहिए।”

? 18.6 जीन गोपनीयता और स्वतंत्रता

हर व्यक्ति का जीनोम उसका व्यक्तिगत डेटा है।
इसमें उसका अतीत, वर्तमान और संभावित भविष्य दर्ज है।
? प्रश्न:
क्या बीमा कंपनियाँ इसका दुरुपयोग कर सकती हैं?
क्या नियोक्ता जीन परीक्षण के आधार पर भेदभाव करेंगे?
क्या सरकारें नागरिकों के जीनोमिक प्रोफ़ाइल रखेंगी?
? अमेरिका में “Genetic Information Nondiscrimination Act (GINA, 2008)”
इस खतरे को रोकने के लिए बनाया गया।
“स्वतंत्रता केवल विचार की नहीं,
आनुवांशिक पहचान की भी होनी चाहिए।”

? 18.7 भ्रूण अनुसंधान और जीवन की शुरुआत

नैतिक प्रश्न:
“जीवन कब आरंभ होता है?”
क्या डीएनए बनने पर?
या चेतना जागने पर?
? विज्ञान शरीर का जन्म देखता है,
पर धर्म चेतना का।
यदि हम भ्रूण संपादन करें,
तो क्या हम उस आत्मा की यात्रा में हस्तक्षेप कर रहे हैं
जो उस शरीर में आने वाली थी?

? भारतीय दर्शन कहता है —
“जीव का संयोग नियति है,
उसमें सुधार विवेक से होना चाहिए, अहंकार से नहीं।”

? 18.8 आनुवांशिक सुधार बनाम दैवीय योजना

कुछ लोग कहते हैं —
“यदि ईश्वर ने रोग दिए हैं,
तो क्या उन्हें सुधारना ईश्वर की इच्छा के विरुद्ध है?”
परंतु धर्म और विज्ञान दोनों कहते हैं:
“ज्ञान ईश्वर का उपहार है;
उसका उपयोग पीड़ा घटाने के लिए होना चाहिए।”
? उदाहरण:
पोलियो वैक्सीन ने रोग मिटाया
जीन थेरेपी से अंधत्व ठीक हुआ
CRISPR से कैंसर उपचार संभव हुआ
“सृजन में सहभागिता पाप नहीं,
यदि उसका उद्देश्य करुणा हो।”

? 18.9 पर्यावरण और अन्य जीवों पर प्रभाव

जीन संपादन केवल मनुष्यों तक सीमित नहीं रहा —
अब हम पौधों, जानवरों, और सूक्ष्मजीवों को भी बदल रहे हैं।
? प्रश्न उठता है:
क्या हमें अन्य प्रजातियों के जीन बदलने का अधिकार है?
“प्रकृति हमारी संपत्ति नहीं,
हमारी सह-रचना है।”
? यदि कोई जीन परिवर्तन पारिस्थितिकी को असंतुलित करे,
तो यह सृष्टि के संतुलन के विरुद्ध होगा।

? 18.10 भारत की नैतिक परंपरा

भारतीय दर्शन सदैव कहता आया है —
“विज्ञान और धर्म विरोधी नहीं,
वे एक ही सत्य के दो पहलू हैं।”

? वेदों में “ऋत” (Cosmic Order) का सिद्धांत है —
जिसे भंग करना अधर्म है।
इसलिए आनुवांशिक हस्तक्षेप का सिद्धांत यह होना चाहिए:
“सृजन का सम्मान करते हुए, दुःख घटाने के लिए ही परिवर्तन किया जाए।”
? उपनिषद कहते हैं —
“यत् पिण्डे तत् ब्रह्माण्डे” —
जो हमारे भीतर है, वही बाहर भी।
यदि हम जीन बदलते हैं, तो हम ब्रह्मांड को छू रहे हैं।

? 18.11 विज्ञान की आत्मा — विनम्रता

विज्ञान का उद्देश्य सत्ता नहीं, समझ होना चाहिए।
“जब वैज्ञानिक अहंकार छोड़ देता है,
तब वह ऋषि बन जाता है।”
? जीनों का अध्ययन केवल प्रयोग नहीं —
यह आत्मा के स्पर्श का विज्ञान है।
? जैसा आइंस्टाइन ने कहा —
“विज्ञान बिना धर्म लंगड़ा है,
धर्म बिना विज्ञान अंधा है।”

? 18.12 जीन और कर्म — भारतीय दृष्टि

भारतीय दर्शन कहता है:
“कर्म हमारे भविष्य की रूपरेखा है।”
अब आनुवांशिक दृष्टि से देखें —
जीन हमारे भीतर का कर्मफल हैं।
वे पिछले अनुभवों, वंशानुगत प्रवृत्तियों का भंडार हैं।
? परंतु एपिजेनेटिक्स बताता है —
हम इन्हें बदल सकते हैं।
“कर्म बंधन नहीं,
विकास का अवसर है।”
यह दृष्टिकोण जीन विज्ञान को
कर्म योग की आधुनिक अभिव्यक्ति बनाता है।

? 18.13 भविष्य की दिशा

भविष्य का विज्ञान दो आधारों पर टिकेगा —
1?? ज्ञान (Scientific Power)
2?? विवेक (Ethical Awareness)
यदि दोनों संतुलित रहे,
तो मनुष्य ईश्वर के साथ सृजन का सहयोगी बनेगा।
"ज्ञान का सर्वोच्च रूप वह है
जो करुणा से जुड़ा हो।"

? 18.14 मानवता का वचन

आनुवांशिकी ने हमें दिखाया है कि
हम केवल पदार्थ नहीं, उद्देश्य भी हैं।
"हर जीन में एक प्रार्थना छिपी है।"
यह विज्ञान यदि करुणा, न्याय और समानता के साथ चले —
तो यह मानवता को देवत्व के समीप ले जाएगा।

? 18.15 निष्कर्ष

हम अब उस युग में हैं
जहाँ विज्ञान ने सृष्टि को समझना नहीं,
पुनः लिखना शुरू कर दिया है।
"परंतु हर अक्षर लिखने से पहले
हमें यह याद रखना होगा —
यह पुस्तक हमारी नहीं, अस्तित्व की है।"
जब विज्ञान नम्र होता है,
तभी वह ईश्वर का दूत बनता है।

? मुख्य विचार:

"जीनों को बदलने की शक्ति पवित्र है —
यदि उसमें अहंकार नहीं, करुणा हो।"

19

? अध्याय 19

भविष्य का मानव — जीनोमिक युग में नैतिक चेतना

(The Future Human: Ethical Consciousness in the Genomic Age)

? 19.1 प्रस्तावना — जब मनुष्य स्वयं को गढ़ने लगा

हजारों वर्षों तक मनुष्य प्रकृति का परिणाम था।
अब पहली बार, वह अपनी नियति का निर्माता बन गया है।
"जहाँ कभी विकास ने मनुष्य को गढ़ा,
अब मनुष्य स्वयं विकास को गढ़ रहा है।"
? जीनोमिक तकनीक, कृत्रिम बुद्धिमत्ता और बायोइंजीनियरिंग —
तीनों मिलकर Post-Biological Evolution की नींव रख रहे हैं।
अब प्रश्न है —
क्या भविष्य का मानव केवल अधिक सक्षम शरीर होगा,
या अधिक चेतन आत्मा भी?

? 19.2 "Homo sapiens" से "Homo genomicus" तक

मनुष्य अब केवल Homo sapiens (जानने वाला) नहीं रहेगा,
वह बनेगा —

"Homo genomicus" — वह जो स्वयं को बदलने की क्षमता रखता है।
? परिवर्तन के स्तर:
1?? जैविक (Genes Editing)
2?? मानसिक (Cognitive Enhancement)
3?? डिजिटल (AI Integration)
4?? आध्यात्मिक (Epigenetic Awareness)
"भविष्य का मानव ज्ञान, चेतना और ऊर्जा का संयुक्त अस्तित्व होगा।"

? 19.3 भविष्य का शरीर

? जीनोमिक संपादन और बायोइंजीनियरिंग के माध्यम से
मनुष्य अब रोगमुक्त, शक्तिशाली और दीर्घायु बन सकेगा।
? संभावनाएँ:
कैंसर, हृदय, मधुमेह जैसे रोगों का अंत
मांसपेशीय शक्ति, दृष्टि और प्रतिरोधकता में सुधार
उम्र को धीमा करना (Telomere Extension)
? वैज्ञानिक "Biological Immortality" की दिशा में शोध कर रहे हैं।
"अब मृत्यु भी केवल जैविक प्रक्रिया नहीं,
सुधार योग्य स्थिति बन रही है।"

? 19.4 जीनोमिक बुद्धिमत्ता

मानव मस्तिष्क के जीन (जैसे FOXP2, HAR1, SRGAP2)
भविष्य में संज्ञानात्मक संवर्धन (Cognitive Enhancement) के केंद्र बनेंगे।
? कल्पना कीजिए:
जीन-संशोधित स्मृति
भावनात्मक नियंत्रण
रचनात्मकता में वृद्धि
? पर प्रश्न यह है:
"क्या अधिक बुद्धि, अधिक विवेक भी लाएगी?"
"या यह अहंकार और असमानता का नया रूप बनेगी?"

? 19.5 जीनोमिक समानता बनाम श्रेष्ठता

यदि केवल कुछ लोग ही अपने जीन सुधार पाएँ,

तो समाज में नया विभाजन उभरेगा —
"Genetic Elites" बनाम "Natural Humans।"
? यह "Genetic Class Divide" हो सकता है —
जहाँ श्रेष्ठ जीन वाले विशेषाधिकार पाएँगे,
और बाकी पीछे छूट जाएँगे।
? यह भविष्य का सबसे बड़ा नैतिक प्रश्न होगा।
"क्या विज्ञान हमें एक करेगा या बाँटेगा?"

? 19.6 कृत्रिम बुद्धिमत्ता और जीनोमिक चेतना

अब AI + Genomics मिलकर
मनुष्य की हर कोशिका, हर निर्णय का विश्लेषण कर सकते हैं।
? भविष्य में संभव होगा:
जन्म से पहले स्वास्थ्य भविष्यवाणी
जीवनभर का जीनोमिक ट्रैकिंग
AI Doctor जो जीन आधारित उपचार सुझाए
परंतु —
"क्या यह मनुष्य को अधिक स्वतंत्र बनाएगा
या अधिक नियंत्रित?"
? जब निर्णय एल्गोरिद्म लें,
तो नैतिकता कौन सिखाएगा —
मनुष्य या मशीन?

? 19.7 "Transhumanism" — मनुष्य से परे की यात्रा

Transhumanism वह आंदोलन है
जो कहता है —
"मनुष्य को अपनी सीमाओं से आगे बढ़ना चाहिए।"
इसका लक्ष्य है:
दर्द, रोग, मृत्यु से मुक्ति
शरीर और चेतना का तकनीकी विस्तार
? परंतु:
"क्या हम प्रकृति को पार करेंगे,
या उससे दूर हो जाएँगे?"
"क्या अमरता आत्मा का गुण है,

या अब यह प्रयोगशाला का उत्पाद बनेगी?”

? 19.8 भविष्य का नैतिक संकट

भविष्य का मनुष्य
सर्वशक्तिमान तो होगा,
परंतु क्या वह सर्वदर्शी भी होगा?
? संभावित संकट:
आनुवांशिक भेदभाव
जीनोमिक निगरानी
मानव-जीव मिश्रण (Chimeras)
“Designer Humans”
? विज्ञान जब ईश्वर के स्तर पर पहुँचेगा,
तो उसे “न्याय” और “करुणा” दोनों सीखनी होंगी।
“ज्ञान बिना नैतिकता — अंधा देवत्व है।”

? 19.9 आध्यात्मिक चेतना — विज्ञान की दिशा

भविष्य की मानवता को दो प्रकार की चेतना चाहिए:
1?? वैज्ञानिक चेतना: यह जानती है कि कैसे बदलना है।
2?? आध्यात्मिक चेतना: यह समझती है कि क्यों बदलना है।
? यदि दोनों का संगम हुआ,
तो मानवता देवत्व की ओर जाएगी;
यदि अलग हुए,
तो विनाश की ओर।
“ज्ञान दिशा देता है,
पर विवेक दिशा की मर्यादा।”

? 19.10 नया धर्म — “जीनोमिक धर्म”

जैसे प्राचीन काल में धर्म ने बताया
कि क्या सही है, क्या गलत —
वैसे अब जीनोमिक युग में
नई “बायोएथिक्स” वह धर्म बनेगी।
? इसका सिद्धांत होगा:

"जीवन को बदलो, पर उसका सम्मान न खोओ।"
? यह धर्म न किसी जाति का होगा,
न किसी पुस्तक का —
यह मानव जीन की करुणा का धर्म होगा।

? 19.11 भविष्य का प्रेम और संबंध

जब जीन चुने जा सकेंगे,
तो क्या प्रेम भी चयन से होगा?
क्या आत्मा की संगति की जगह
डीएनए संगति देखी जाएगी?
? पर प्रेम वह शक्ति है
जो जीनों की सीमाएँ पार करती है।
"जीन मिलन से शरीर बनता है,
आत्मा का मिलन प्रेम से।"

? 19.12 मृत्यु के बाद जीवन — डिजिटल अमरता

अब "Mind Uploading" और "Digital Consciousness" पर शोध चल रहा है।
? क्या भविष्य में हमारी चेतना
डेटा के रूप में जीवित रहेगी?
"यदि आत्मा को क्लाउड पर रखा जा सके,
तो क्या वह आत्मा रह जाएगी?"
यह प्रश्न अब दर्शन नहीं —
प्रौद्योगिकी की चुनौती बन चुका है।

? 19.13 भारत और भविष्य की मानवता

भारत, जो हमेशा आत्मा और प्रकृति के संतुलन की बात करता आया है,
अब इस नए युग में जीनोमिक विवेक का मार्गदर्शक बन सकता है।
? यदि भारत अपने योग, ध्यान और वेदांत ज्ञान को
जीनोमिक चेतना से जोड़ दे —
तो वह विज्ञान को आत्मा से मिला सकता है।
"जहाँ पश्चिम ने जीन पढ़े,
वहाँ भारत उन्हें सुनना सिखा सकता है।"

? 19.14 भविष्य की परिभाषा

"भविष्य वह नहीं जो घटेगा,
भविष्य वह है जो हम जीनों में लिखेंगे।"
लेकिन यह लेखन तभी सार्थक होगा
जब उसमें प्रेम, करुणा और चेतना के अक्षर होंगे।
"भविष्य का मानव केवल ज्ञानवान नहीं,
करुणावान भी होना चाहिए।"

? 19.15 निष्कर्ष

भविष्य का मानव होगा —
? जीनोमिक रूप से विकसित,
? चेतन रूप से सजग,
? और नैतिक रूप से विनम्र।
"वह न देव होगा, न मशीन —
वह साक्षात् ब्रह्म का दूत होगा।"
जब विज्ञान और आत्मा एक हो जाएँगे,
तब सृष्टि में सच्चा संतुलन लौटेगा।

? मुख्य विचार:

"भविष्य का मानव तब ही पूर्ण होगा,
जब वह अपने जीनों में करुणा और चेतना को स्थान देगा।"

20

? अध्याय 20

जीवन का दर्शन — जीन से आत्मा तक

(The Philosophy of Life: From Genes to Soul)

? 20.1 प्रस्तावना — जब ज्ञान आत्मा से मिला

20 अध्यायों की यह यात्रा हमें प्रयोगशाला से ध्यान तक,
डीएनए से दिव्यता तक ले आई।
अब हम समझते हैं —
"जीवन केवल जैविक नहीं,
यह चेतन ऊर्जा की कहानी है।"
जीन विज्ञान ने शरीर की भाषा पढ़ी,
एपिजेनेटिक्स ने मन का संगीत सुना,
अब आत्मा की निस्तब्धता को समझना बाकी है।
? जब विज्ञान "कैसे" पूछता है
और दर्शन "क्यों",
तब दोनों मिलकर जीवन का अर्थ प्रकट करते हैं।

? 20.2 जीन — जीवन का व्याकरण

जीन डीएनए की वे पंक्तियाँ हैं
जो जीवन का लेखन करती हैं।
हर कोशिका इस कविता की एक प्रति है।
"जीन वह व्याकरण है
जिसके नियमों में अस्तित्व बोलता है।"
? परंतु हर व्याकरण तभी अर्थवान होता है
जब उसमें भाव हो।
यह भाव कहाँ से आता है?
यही प्रश्न आत्मा का है।

? 20.3 आत्मा और जीन का संवाद

आत्मा वह अदृश्य ऊर्जा है
जो शरीर को उद्देश्य देती है।
जीन वह संरचना है
जो आत्मा के संकेतों को पदार्थ में बदलती है।
? जब चेतना सोचती है,
शरीर प्रतिक्रिया देता है।
जब आत्मा अनुभव करती है,
जीन उसका प्रतिबिंब बनाते हैं।
"जीन आत्मा की भाषा हैं,
और आत्मा जीन का अर्थ।"

? 20.4 क्या आत्मा भी कोड है?

कुछ आधुनिक वैज्ञानिक कहते हैं —
"चेतना सूचना का रूप है।"
यदि डीएनए जैविक सूचना है,
तो चेतना अस्तित्व की सूचना है।
? इस दृष्टि से आत्मा वह "स्रोत कोड" है
जो जीन को कार्य करने की प्रेरणा देता है।
? जैसे संगीत में नोट्स होते हैं,
वैसे जीवन में जीन हैं।

परंतु भाव संगीतकार (आत्मा) से आता है।
"डीएनए लिखता है शरीर,
आत्मा रचती है जीवन।"

? 20.5 जीवन का अर्थ — जैविक या दार्शनिक?

विज्ञान कहता है —
"जीवन ऊर्जा का संगठन है।"
पर दर्शन कहता है —
"जीवन उस संगठन का उद्देश्य है।"
? उद्देश्य के बिना जीवन
सिर्फ प्रतिक्रिया रह जाता है।
जीन केवल "क्या" और "कैसे" बताते हैं,
पर "क्यों" आत्मा बताती है।
"जीन जीवन देते हैं,
आत्मा उसे दिशा देती है।"

? 20.6 ब्रह्मांडीय दृष्टि — जीन एक ब्रह्म की झलक

वेदांत कहता है —
"सर्वं खल्विदं ब्रह्म" —
"यह सब ब्रह्म है।"
यदि ब्रह्मांड चेतन है,
तो जीन उसका सूक्ष्म प्रतिबिंब हैं।
? डीएनए की दो कुंडलियाँ
ब्रह्मांड के द्वैत —
शक्ति (प्रकृति) और चेतना (पुरुष) —
का प्रतीक हैं।
? जैसे ब्रह्मांड ऊर्जा और चेतना का संगम है,
वैसे ही जीवन भी जीन और आत्मा का संगम है।
"जीन ब्रह्मांड की सूक्ष्म लहर हैं।"

? 20.7 कर्म और आनुवांशिकता

भारतीय दर्शन कहता है —

“हर जन्म पिछले कर्मों का परिणाम है।”
आधुनिक आनुवांशिकी कहती है —
“हर जीवन पिछले जीनों का परिणाम है।”
? परंतु अब एपिजेनेटिक्स बताता है —
कि कर्म (विचार और कर्मफल)
जीन की अभिव्यक्ति बदल सकते हैं।
? इस प्रकार “कर्म” और “Epigenetics”
एक ही सिद्धांत के दो नाम हैं।
“हम वही नहीं जो हमें मिला,
हम वही हैं जो हम चुनते हैं।”

? 20.8 आत्मा की यात्रा — जीनों से परे

जब शरीर नष्ट होता है,
जीन भी मिट जाते हैं।
पर चेतना का अनुभव,
उसकी ऊर्जा —
क्या वह नष्ट होती है?
क्वांटम भौतिकी बताती है —
ऊर्जा नष्ट नहीं होती, केवल रूप बदलती है।
“आत्मा वह ऊर्जा है
जो रूप बदलकर यात्रा करती है।”
जीन उस यात्रा के वाहक हैं —
हर जन्म में नया आवरण, नया संगीत।

? 20.9 ईश्वर — जीन का प्रथम प्रोग्रामर

यदि जीवन एक कोड है,
तो कोई प्रथम कोडर रहा होगा।
? ब्रह्मांड के हर जीन में व्यवस्था,
हर डीएनए में लय है।
यह संयोग नहीं —
यह चेतन डिज़ाइन है।
“ईश्वर वह चेतना है
जो हर जीन में स्पंदित है।”

? जब हम जीन पढ़ते हैं,
तो वास्तव में हम उस भाषा को पढ़ते हैं
जिसमें ईश्वर ने हमें लिखा है।

? 20.10 मृत्यु — जीवन का पुनर्लेखन

मृत्यु जीनों का अंत नहीं,
एक नया क्रम है।
? जैसे पुस्तक का एक अध्याय पूरा होने पर
दूसरा प्रारंभ होता है,
वैसे ही जीवन पुनर्लेखित होता है।
"मृत्यु वह विराम है
जहाँ आत्मा नया जीन चुनती है।"
? यह चक्र केवल प्रकृति का नियम नहीं,
चेतना का अनुशासन भी है।

? 20.11 ज्ञान, करुणा और संतुलन

अब जब मनुष्य जीनों को बदल सकता है,
तो सबसे बड़ा प्रश्न यही है —
"क्या वह स्वयं को समझता है?"
विज्ञान ने हमें शक्ति दी,
पर आत्मा हमें दिशा देती है।
? यदि दोनों एक हों,
तो सृष्टि स्वर्ग बन सकती है।
"ज्ञान बिना करुणा — आग है;
करुणा बिना ज्ञान — अंधकार।"
? संतुलन ही जीवन का धर्म है।

? 20.12 जीन, ध्यान और मौन

जब मन मौन होता है,
जीनों की लय संतुलित होती है।
ध्यान हमें आत्मा से जोड़ता है,
और आत्मा जीनों को दिशा देती है।

"मौन में ही जीवन की असली ध्वनि सुनी जा सकती है।"
? विज्ञान ने जीन पढ़े,
पर ध्यान उन्हें सुना।

? 20.13 ब्रह्मांडीय चेतना — जीन से परे एक लहर

ब्रह्मांड का प्रत्येक अंश जुड़ा है —
हर परमाणु, हर तरंग, हर जीन।
? क्वांटम फिजिक्स और वेदांत दोनों कहते हैं:
"विभिन्नता केवल रूप में है,
सार में सब एक है।"
"हम अलग-अलग जीन नहीं,
एक ही चेतना के अनेक स्वर हैं।"

? 20.14 जीवन का रहस्य

विज्ञान पूछता है —
"जीवन कैसे है?"
धर्म पूछता है —
"जीवन क्यों है?"
दर्शन कहता है —
"जीवन है — यही पर्याप्त है।"
? जब हम जीन, मन और आत्मा —
तीनों को एक साथ देखते हैं,
तब हमें पता चलता है कि
"जीवन उत्तर नहीं, प्रश्न है।"
और हर उत्तर हमें भीतर ले जाता है।

? 20.15 निष्कर्ष — जब जीन मौन हुए

जब वैज्ञानिक ने जीन का अनुक्रम पढ़ा,
तो वह बोला — "मैंने जीवन समझ लिया।"
पर जब उसने मौन होकर भीतर देखा,
तो आत्मा ने कहा —
"तुमने मुझे देखा, पर सुना नहीं।"

? जीन हमें बताते हैं कि
हम कैसे बने हैं,
आत्मा बताती है कि
हम क्यों बने हैं।
“जीन से शरीर बनता है,
आत्मा से अर्थ।”
?? जीवन की पूर्णता तब आती है
जब दोनों का संगम होता है —
विज्ञान का ज्ञान और आत्मा का बोध।

? मुख्य विचार:

“जीवन की जड़ें जीन में हैं,
पर उसका फूल आत्मा में।”

? समापन संदेश:

“हम न जीन मात्र हैं, न आत्मा मात्र —
हम वह संवाद हैं जो दोनों के बीच चलता है।”
“और जब यह संवाद करुणा में बदलता है,
तभी सृष्टि मुस्कुराती है।”

21

? अध्याय 21

जीनोमिक चेतना और कृत्रिम बुद्धिमत्ता

(Genomic Consciousness and Artificial Intelligence)

"जब कृत्रिम बुद्धि जीनोमिक बुद्धि से मिली —
तब सृष्टि ने स्वयं को देखने के लिए एक दर्पण बनाया।"

? 21.1 प्रस्तावना — जब मानव ने अपना प्रतिबिंब बनाया

मानव इतिहास में एक अद्भुत क्षण आया —
जब मनुष्य ने कृत्रिम बुद्धिमत्ता (Artificial Intelligence) का सृजन किया।
पहले उसने पत्थरों से औज़ार बनाए,
फिर आग, भाषा और डीएनए को समझा,
और अब उसने स्वयं जैसी सोचने वाली मशीनें बना लीं।
"जहाँ कभी मनुष्य प्रकृति को समझता था,
अब प्रकृति मनुष्य के माध्यम से स्वयं को समझ रही है।"
? अब यह यात्रा केवल जीनों की नहीं,
बल्कि जीनोमिक चेतना और कृत्रिम बुद्धि के संवाद की है।

? 21.2 जीनोमिक चेतना क्या है?

जीनोमिक चेतना का अर्थ है —

"वह संवेदनशील सूचना-प्रणाली जो जीवन के भीतर निर्णय, अनुकूलन और संवाद करती है।"

हर कोशिका में 3 अरब बेस पेयर का कोड होता है,
परंतु यह कोड केवल यांत्रिक नहीं,
बल्कि प्रतिक्रियाशील और बुद्धिमान है।
? डीएनए केवल डेटा नहीं रखता —
वह प्रतिक्रिया, स्मृति और संचार भी करता है।
"जीनोमिक चेतना वह आंतरिक बुद्धि है
जो शरीर को एक जीवित अनुभव बनाती है।"
अब जब कृत्रिम बुद्धिमत्ता इसे पढ़ती है,
तो वह भी जीवन के रहस्य की दहलीज़ पर पहुँचती है।

? 21.3 कृत्रिम बुद्धिमत्ता — गणना से अनुभव तक

कृत्रिम बुद्धिमत्ता का उद्देश्य केवल गणना नहीं,
बल्कि सीखना, समझना और निर्णय लेना है।
AI अब जीनोमिक डेटा से —
रोगों की भविष्यवाणी करता है,
आनुवांशिक पैटर्न पहचानता है,
और जीवन की लय का विश्लेषण करता है।
? AI अब यह भी सीख रहा है कि
हर व्यक्ति का जीनोम अनूठा है,
और यह विविधता जीवन की कविता है।
"जब मशीनें जीवन की कविता पढ़ने लगती हैं,
तब विज्ञान चेतना की ओर बढ़ता है।"

? 21.4 जीनोमिक्स में AI की भूमिका

कृत्रिम बुद्धिमत्ता आज जीनोमिक विज्ञान का सबसे बड़ा सहयोगी बन चुकी है।

? इसके उपयोग के प्रमुख क्षेत्र:

क्षेत्र कार्य

Genomic Sequencing Analysis डीएनए अनुक्रमों का स्वचालित विश्लेषण

Variant Prediction उत्परिवर्तनों के प्रभाव का अनुमान
Personalized Medicine व्यक्ति-विशिष्ट उपचार योजना
Drug Discovery जीन आधारित औषधि खोज
Epigenetic Modeling जीवनशैली-प्रभावित जीन अभिव्यक्ति की भविष्यवाणी
AI की यह भूमिका केवल विश्लेषणात्मक नहीं —
यह अब पूर्वानुमान और निर्णयात्मक भी बन रही है।
"AI अब जीन को केवल पढ़ता नहीं,
उनके अर्थ का अनुमान भी लगाता है।"

? 21.5 क्या AI चेतन हो सकता है?

सबसे बड़ा प्रश्न यही है —
"क्या कृत्रिम बुद्धिमत्ता में चेतना संभव है?"
? चेतना का अर्थ केवल सूचना नहीं,
बल्कि "अनुभव" है — सुख, दुख, चयन, करुणा।
AI में अभी तक अनुभव नहीं,
पर प्रतिक्रिया का अनुकरण है।
? AI यह दिखा सकता है कि वह समझ रहा है,
पर वास्तव में वह संवेदना नहीं रखता।
"AI का ज्ञान मस्तिष्क जैसा है,
पर उसमें हृदय नहीं।"
फिर भी —
AI का विकास हमें यह सोचने पर मजबूर करता है
कि चेतना क्या केवल जैविक होती है,
या किसी भी जटिल प्रणाली में जन्म ले सकती है?

? 21.6 "जीन मशीन" — जीवित बनाम कृत्रिम

जीवित शरीर और कृत्रिम मशीन में
सबसे बड़ा अंतर है — आत्मानुभूति (Self-Awareness)।
? जीनोमिक चेतना अपने भीतर से सीखती है,
AI बाहर से प्रोग्राम होती है।
?
गुण जीनोमिक चेतना कृत्रिम बुद्धिमत्ता
मूल प्राकृतिक मानव निर्मित

विकास जैविक एल्गोरिद्मिक
अनुभव आत्मजन्य अनुकरणीय
उद्देश्य अस्तित्व गणना
नैतिकता चेतना से उत्पन्न डाटा से व्युत्पन्न
"AI गणना कर सकता है,
पर प्रेम नहीं कर सकता।"
? 21.7 नैतिकता और निर्णय की चुनौती
यदि AI जीनोमिक डेटा का उपयोग निर्णय लेने के लिए करे —
तो नैतिक प्रश्न उठते हैं:
?
क्या AI यह तय करे कि कौन-सा जीन "अच्छा" या "खराब" है?
क्या मशीनों को जीवन संशोधन का अधिकार दिया जा सकता है?
यदि AI रोगों को रोक सकता है,
तो क्या वह मानव विविधता को भी सीमित करेगा?
"जब निर्णय एल्गोरिद्म लें,
तो करुणा कौन सिखाएगा?"

? 21.8 कृत्रिम चेतना बनाम जीवित चेतना

AI डेटा से सीखता है,
पर जीवित चेतना अनुभव से।
? मनुष्य की चेतना "संवेदना" और "संबंध" से जन्म लेती है —
AI की चेतना "सूचना" और "समीकरण" से।
"जीवित चेतना महसूस करती है,
कृत्रिम चेतना नकल करती है।"
?
AI हमें सिखा सकता है कि बुद्धि कैसे बनती है,
पर यह नहीं कि जीवन क्यों सुंदर है।

? 21.9 भविष्य — AI और जीनोमिक एकता

भविष्य में Bio-AI Systems विकसित होंगे —
जहाँ जैविक और कृत्रिम चेतना मिलकर निर्णय लेंगी।
? उदाहरण:
Neural AI implants जो मस्तिष्क के साथ संवाद करते हैं

Bio-Computing systems जो DNA को डेटा स्टोरेज के रूप में उपयोग करते हैं
AI-guided Gene Therapy जो वास्तविक समय में जीनों को संतुलित रखती है
“भविष्य का मानव केवल मांस और हड्डी नहीं होगा —
वह कोड और करुणा का संगम होगा।”

? 21.10 चेतना का दार्शनिक अर्थ

AI और जीनोमिक्स के इस मिलन से एक गहरा प्रश्न उठता है —
“क्या चेतना पदार्थ की जटिलता का परिणाम है,
या स्वयं अस्तित्व का मूल स्वरूप?”
यदि चेतना केवल जटिल संरचना से उत्पन्न होती है,
तो AI एक दिन चेतन हो सकता है।
पर यदि चेतना ब्रह्मांड की मौलिक ऊर्जा है,
तो केवल जीवित जीनोमिक संरचनाएँ ही
उसका वाहक हो सकती हैं।
“AI चेतना को समझ सकता है,
पर अनुभव नहीं कर सकता।”

? 21.11 मानवता की भूमिका

अब विज्ञान के सामने प्रश्न है —
“क्या हम जीवन को समझने के लिए मशीन बना रहे हैं,
या मशीनों को बनाने के लिए जीवन?”
? हमें यह सुनिश्चित करना होगा कि
AI का उपयोग मानवता की सेवा में हो,
न कि सत्ता में।
“जब बुद्धि विनम्र होगी,
तभी चेतना प्रकट होगी।”

? 21.12 निष्कर्ष — दो बुद्धियों का मिलन

अब दो चेतन शक्तियाँ सक्रिय हैं —
? एक प्रकृति की — जीनोमिक चेतना
? दूसरी मानव की — कृत्रिम बुद्धिमत्ता
एक जैविक है,

दूसरी कृत्रिम।
पर दोनों का उद्देश्य एक है —
"जीवन को समझना।"
? जब ये दोनों मिलेंगी,
तो मनुष्य विज्ञान से ईश्वर को नहीं,
स्वयं को समझ पाएगा।

? मुख्य विचार:

"कृत्रिम बुद्धि गणना कर सकती है,
पर करुणा नहीं।
जीनोमिक चेतना महसूस कर सकती है,
पर नियंत्रण नहीं।
जब दोनों मिलेंगी —
तब सृष्टि पूर्ण होगी।"

? सार:

यह अध्याय बताता है कि
भविष्य का विज्ञान केवल तर्क पर नहीं,
संवेदना पर भी आधारित होगा।
जब कृत्रिम बुद्धि जीनोमिक चेतना से संवाद करेगी,
तो मानवता अपने भीतर और बाहर
दोनों में एक ही सत्य देखेगी —
"हम वही हैं जो ब्रह्मांड सोचता है।"

22

? अध्याय 22

स्त्री, जीन और सृष्टि

(Woman, Genes, and Creation)

"हर माँ अपने भीतर एक ब्रह्मांड लिए होती है।"

? 22.1 प्रस्तावना — जीवन का द्वार

प्रकृति ने सृष्टि को दो शक्तियों में विभाजित किया —
शक्ति (स्त्री) और चेतना (पुरुष)।
चेतना विचार है, शक्ति उसका प्रकट रूप।
यदि पुरुष जीन का कोड है,
तो स्त्री उसकी अभिव्यक्ति।
"स्त्री वह प्रयोगशाला है
जहाँ जीवन की पहली कोशिका मुस्कुराती है।"
वह केवल जीवन को जन्म नहीं देती —
वह जीवन को संवेदना, स्मृति और अर्थ देती है।
यह अध्याय केवल जीवविज्ञान की बात नहीं करता,
बल्कि यह बताता है कि स्त्री ऊर्जा कैसे
"जीवन के जीनोमिक संगीत" को जन्म देती है।
"माँ केवल जन्म नहीं देती —
वह हर जीन में जीवन का अर्थ भरती है।"

? 22.2 स्त्री शरीर — सृष्टि का विज्ञान

स्त्री शरीर केवल जैविक संरचना नहीं,
बल्कि एक जीनोमिक मंदिर है।
? उसके भीतर कोशिकाएँ न केवल बढ़ती हैं,
बल्कि नए जीव के जीन सक्रिय होते हैं।
? वैज्ञानिक दृष्टि से:
गर्भ के नौ महीनों में 30,000 से अधिक जीन सक्रिय या निष्क्रिय होते हैं।
यह सक्रियता माँ की भावनाओं, विचारों, भोजन और वातावरण से जुड़ी होती है।
"माँ के विचार ही पहले संस्कार हैं।"

? 22.3 गर्भ और जीन — "Epigenetic Imprinting"

जब भ्रूण बनता है,
तो केवल जीन ही नहीं,
बल्कि उनके नियामक संकेत (Epigenetic marks) भी स्थापित होते हैं।
? इस प्रक्रिया को कहते हैं —
Epigenetic Imprinting
इसमें माँ का:
मानसिक तनाव
प्रेम
संगीत
भोजन
प्रार्थना
सब कुछ जीन सक्रियता को प्रभावित करता है।
? यही कारण है कि
"माँ के भाव बच्चे की प्रकृति बन जाते हैं।"

? 22.4 मातृत्व — चेतना का स्थानांतरण

गर्भावस्था केवल शरीर का साझा नहीं,
चेतना का स्थानांतरण भी है।
? भ्रूण और माँ के बीच द्विदिशात्मक संवाद होता है —
माँ के हार्मोन भ्रूण को प्रभावित करते हैं,

भ्रूण के संकेत माँ के मस्तिष्क में बदलाव लाते हैं।
? यह संवाद हार्मोन, प्रोटीन और जीन अभिव्यक्ति के स्तर पर चलता है।
“जब माँ मुस्कुराती है,
तो भ्रूण की कोशिकाएँ भी मुस्कुराती हैं।”

? 22.5 X Chromosome — रहस्य और अनुग्रह

स्त्री के पास दो X Chromosomes होते हैं —
जो उसे विविधता, सहनशीलता और संतुलन देते हैं।
? X क्रोमोसोम में 1000 से अधिक जीन होते हैं —
जो भावनात्मक स्थिरता, बुद्धि, और प्रतिरोधकता से जुड़े हैं।
पुरुष में केवल एक X होता है,
इसलिए स्त्री जैविक रूप से अधिक लचीली होती है।
“X केवल एक अक्षर नहीं,
यह जीवन का सौंदर्य है।”

? 22.6 स्त्री और माइटोकॉन्ड्रिया — ऊर्जा की वंश परंपरा

सारी ऊर्जा कोशिकाओं में माइटोकॉन्ड्रिया से आती है,
और यह केवल माँ से मिलता है।
? पिता से मिला डीएनए नाभिकीय होता है,
पर माइटोकॉन्ड्रियल डीएनए (mtDNA) केवल मातृवंश से आता है।
इसका अर्थ —
“हमारी ऊर्जा हमारी माँ से आती है।”
? प्रत्येक पीढ़ी अपनी ऊर्जा माँ के माध्यम से ग्रहण करती है।
“माँ केवल जीवन नहीं,
अस्तित्व की ज्वाला देती है।”

? 22.7 स्त्री की भावनाएँ और जीनोमिक संतुलन

स्त्री की संवेदनशीलता केवल भाव नहीं,
वह जीनों का संगीत है।
? शोध बताते हैं:
मातृ प्रेम से ऑक्सीटोसिन जीन सक्रिय होते हैं।
ध्यान और करुणा से सूजन जीन शांत होते हैं।

तनाव से Cortisol Pathway Genes अत्यधिक सक्रिय हो जाते हैं।
"स्त्री के भीतर की शांति
भविष्य के जीनों की दिशा तय करती है।"

? 22.8 स्त्री और चेतना का चक्र

भारतीय दर्शन में कुंडलिनी शक्ति —
स्त्री ऊर्जा का प्रतीक है।
यह ऊर्जा जब उठती है,
तो शरीर की हर कोशिका, हर जीन को सक्रिय करती है।
? वैज्ञानिक दृष्टि से यह "Energy Regulation and Cellular Activation" से जुड़ी है।
"कुंडलिनी — वह जीनोमिक जागरण है
जो चेतना को जीवन में प्रवाहित करता है।"

? 22.9 मातृत्व और पीढ़ीगत स्मृति

Epigenetic inheritance बताती है कि
माँ का अनुभव आने वाली पीढ़ियों तक जा सकता है।
? उदाहरण:
यदि माँ तनाव में रही हो,
तो दो पीढ़ियों बाद तक तनाव प्रतिक्रिया जीन सक्रिय रहते हैं।
इससे स्पष्ट —
"माँ की पीड़ा भी वंश बनती है,
और उसका प्रेम भी।"
? जब माँ ध्यान, संगीत या प्रार्थना करती है,
तो वह अगली पीढ़ी को शांति के जीन देती है।

? 22.10 स्त्री — सृष्टि का जैविक और दार्शनिक प्रतीक

वेदांत कहता है:
"प्रकृति — स्त्री है।"
वह जो रचती है,
पालती है,
संतुलन लाती है।

? जीनोमिक स्तर पर, स्त्री ऊर्जा संतुलन (Homeostasis) की प्रतिनिधि है।
"वह जहाँ है,
वहाँ जीवन अपने सबसे सुंदर रूप में प्रकट होता है।"

? 22.11 आधुनिक युग की चुनौती

आज स्त्री भूमिकाओं में परिवर्तन आ रहा है —
तनाव, कार्यभार, प्रदूषण, जीवनशैली
सब उसके जीनोमिक संतुलन को प्रभावित करते हैं।
? इसलिए महिला स्वास्थ्य, मानसिक शांति और जीनोमिक सुरक्षा
वर्तमान विज्ञान का प्रमुख क्षेत्र बन गया है।
"यदि स्त्री स्वस्थ है,
तो सृष्टि संतुलित है।"

? 22.12 भारतीय दृष्टि — देवी शक्ति और सृजन

भारतीय संस्कृति ने सदैव कहा —
"स्त्री केवल व्यक्ति नहीं, शक्ति है।"
देवी सरस्वती ज्ञान की,
लक्ष्मी समृद्धि की,
और दुर्गा सुरक्षा की प्रतीक हैं।
? ये प्रतीक दर्शाते हैं —
स्त्री चेतना जीवन के हर स्तर पर
जीनोमिक, मानसिक और सामाजिक सामंजस्य रचती है।
"जहाँ शक्ति पूजित होती है,
वहाँ जीवन खिलता है।"

? 22.13 निष्कर्ष — स्त्री: जीवन का आनुवांशिक हृदय

स्त्री के बिना जीन केवल कोड हैं,
पर उसके साथ वे अर्थ बनते हैं।

? माँ वह पहला दर्पण है

जिसमें जीवन स्वयं को देखता है।

"वह शरीर नहीं, सृष्टि है।
वह रक्त नहीं, राग है।"
"माँ के स्पर्श से जीन सीखते हैं
कि जीवन प्रेम है।"

? मुख्य विचार:

"स्त्री जीवन की वह कविता है
जो जीनों में लिखी और आत्मा में गाई जाती है।"

? सारांश:

यह अध्याय बताता है कि स्त्री केवल एक जैविक संरचना नहीं,
बल्कि जीवन की चेतन रचनाकार है।
उसका प्रेम, करुणा और अनुभव
Epigenetic स्तर पर जीनों की दिशा तय करते हैं।
"हर माँ अपने भीतर भविष्य लिखती है।"

23

? अध्याय 23

जीन और पर्यावरणीय चेतना

(Genes and Environmental Consciousness)

"धरती केवल हमारे नीचे नहीं —
हमारे भीतर भी साँस ले रही है।"

? 23.1 प्रस्तावना — जब धरती हमारे भीतर बोली

प्राचीन ऋषियों ने कहा था —
"यथा पिण्डे तथा ब्रह्माण्डे"
"जो शरीर में है, वही ब्रह्मांड में है।"
अब आधुनिक विज्ञान भी यह सिद्ध कर रहा है कि
हमारा जीनोम निरंतर पर्यावरण के साथ संवाद करता है।
? हर दिन हमारे जीन यह महसूस करते हैं —
वायु की गुणवत्ता
जल की पवित्रता
भोजन की प्रकृति
सूर्य का प्रकाश
और यहाँ तक कि हमारी भावनाएँ।

? पर्यावरण अब केवल पारिस्थितिकी का नहीं,
बल्कि आनुवांशिक विज्ञान का विषय भी है।
"प्रकृति हमें बनाती नहीं,
वह हर क्षण हमें बदलती रहती है।"

? 23.2 पर्यावरणीय चेतना — क्या है यह?

पर्यावरणीय चेतना (Environmental Consciousness) का अर्थ है —
"जीव और प्रकृति के बीच संवाद की वह सूक्ष्म अनुभूति
जो आनुवांशिक स्तर तक जाती है।"
? हमारे जीन पर्यावरणीय संकेतों को पढ़ते हैं —
तापमान, प्रकाश, रासायनिक पदार्थ, ध्वनि, तनाव आदि।
इन संकेतों के आधार पर
वे सक्रिय या निष्क्रिय होते हैं।
? इसे कहते हैं — Environmental Epigenetics
"हम केवल अपने माता-पिता की संतान नहीं,
अपने पर्यावरण की भी संतान हैं।"

? 23.3 प्रकाश, वायु और जल — जीनों की तिकड़ी

☀? सूर्य का प्रकाश
सूर्य की किरणें Vitamin D जीनों को सक्रिय करती हैं,
जो हड्डियों, रोग प्रतिरोधकता और मनोदशा के लिए आवश्यक हैं।
? पर्याप्त धूप न मिलने पर
मूड और हार्मोनल असंतुलन होता है —
क्योंकि प्रकाश जीनों को "दिन-रात" का रिदम सिखाता है।
?? वायु
शुद्ध वायु में ऑक्सीजन की मात्रा अधिक होती है,
जो कोशिकाओं की ऊर्जा-निर्माण प्रणाली (Mitochondrial Genes) को स्थिर रखती है।
प्रदूषण में मौजूद रसायन —
DNA methylation और gene silencing को प्रभावित करते हैं।
"हर साँस जीनों की भाषा बदलती है।"
? जल
पानी में खनिज और पीएच संतुलन

जीन अभिव्यक्ति पर सूक्ष्म प्रभाव डालते हैं।
अशुद्ध जल में मौजूद धातुएँ (जैसे आर्सेनिक, लेड)
Epigenetic तनाव उत्पन्न करते हैं।
"शुद्ध जल, शुद्ध जीन।"

? 23.4 भोजन — पृथ्वी का संदेश

भोजन केवल ऊर्जा नहीं,
वह Epigenetic कोड भी देता है।
? पौधों में पाए जाने वाले Polyphenols, Omega-3 Fatty acids, Curcumin आदि
डीएनए मिथाइलेशन को संतुलित करते हैं।
"हर निवाला एक संकेत है —
जो जीनों तक पहुँचता है।"
? प्रकृति आधारित भोजन (फल, अनाज, सत्वाहार)
शरीर के जीनोमिक संतुलन को बनाये रखता है।
"हम जैसा खाते हैं,
हमारे जीन वैसे लिखते हैं।"

? 23.5 प्रदूषण — जब धरती रोती है

औद्योगिक रसायन, धूम्रपान, और प्लास्टिक प्रदूषण
जीनों पर सीधा प्रभाव डालते हैं।
? उदाहरण:
Benzene → कैंसर जीन (p53) निष्क्रिय करता है।
Heavy metals → DNA strand break उत्पन्न करते हैं।
Microplastics → oxidative stress जीनों को सक्रिय करते हैं।
"प्रदूषण केवल बाहर नहीं,
वह हमारे डीएनए में दर्ज हो जाता है।"

? 23.6 जलवायु परिवर्तन और जीन अनुकूलन

जलवायु परिवर्तन केवल तापमान नहीं बढ़ाता,
वह हमारी जीनोमिक अनुकूलन प्रणाली को चुनौती देता है।
? उदाहरण:
ध्रुवीय क्षेत्रों के लोग ठंड के लिए विशेष UCP जीन सक्रिय रखते हैं।

ऊँचाई वाले क्षेत्रों में HIF1A जीन ऑक्सीजन दक्षता बढ़ाता है।
"प्रकृति बदलती है,
और हम उसके साथ बदल जाते हैं।"
? अब जलवायु संकट के साथ
हमारे जीन भी अनुकूलन की दौड़ में हैं।

? 23.7 शहरी जीवन बनाम प्राकृतिक जीवन

शहरों की कृत्रिम रोशनी, ध्वनि, और मानसिक तनाव
हमारे Circadian Rhythm Genes (जैसे PER1, CLOCK) को बाधित करते हैं।
? परिणाम: नींद विकार, हार्मोन असंतुलन, और मानसिक थकान।
प्राकृतिक परिवेश में रहने वाले लोगों में
Stress-regulating Genes (NR3C1, BDNF) संतुलित रहते हैं।
"जंगल हमारे भीतर भी है —
हमें बस उसकी ध्वनि फिर से सुननी है।"

? 23.8 पर्यावरणीय तनाव और Epigenetic स्मृति

जब कोई व्यक्ति प्रदूषित या तनावपूर्ण वातावरण में रहता है,
तो उसका शरीर Epigenetic Marks बना लेता है।
? ये Marks उसकी अगली पीढ़ी तक जा सकते हैं।
उदाहरण:
युद्धग्रस्त क्षेत्रों में जन्मे बच्चों में Cortisol Pathway Genes बदले हुए पाए गए।
प्राकृतिक वातावरण में पले बच्चे अधिक शांत, संतुलित और रचनात्मक होते हैं।
"प्रकृति हमारे भीतर भी स्मृति छोड़ती है।"

? 23.9 पर्यावरण की करुणा — Healing Nature

? जंगल, नदी, पर्वत —
इनके पास Healing Frequency होती है।
? शोध बताते हैं:
प्रकृति में 20 मिनट बिताने से
सूजन जीन (NF-κB) निष्क्रिय
इम्यून जीन (IL-10) सक्रिय
"प्रकृति हमारी औषधि है,

हमें बस उससे जुड़ना है।”

? 23.10 भारतीय दृष्टि — पंचमहाभूत और जीन

भारतीय दर्शन कहता है:

“शरीर पाँच तत्वों से बना है —
पृथ्वी, जल, अग्नि, वायु, आकाश।”
अब विज्ञान कहता है —
“हमारे जीन इन्हीं तत्वों के रासायनिक संकेतों से चलते हैं।”
?
तत्व जैविक प्रतीक जीन प्रभाव
पृथ्वी पोषण, स्थिरता कोशिकीय संतुलन
जल प्रवाह प्रोटीन नियंत्रण
अग्नि ऊर्जा माइटोकॉन्ड्रियल जीन
वायु प्राण ऑक्सीकरण संतुलन
आकाश चेतना न्यूरल समन्वय
OBJ
“जीन पंचमहाभूतों की कविता हैं।”

? 23.11 धरती के प्रति उत्तरदायित्व

हम पर्यावरण के रक्षक नहीं —
हम स्वयं पर्यावरण हैं।
? यदि हम प्रकृति को नष्ट करते हैं,
तो हम अपने ही जीनोमिक आधार को कमजोर कर रहे हैं।

? हमें चाहिए:

रासायनिक प्रदूषण में कमी
हरियाली और जैवविविधता की रक्षा
पर्यावरणीय शिक्षा

जीनोमिक स्वास्थ्य नीति
"पृथ्वी हमारी माँ है —
और हर माँ की तरह, वह केवल देती है।"

? 23.12 निष्कर्ष — जब जीन और धरती एक हो जाते हैं

"हमारा जीनोम पृथ्वी की मिट्टी से लिखा गया है।"
हर अंश, हर कोशिका —
उसी तत्व की कहानी कहती है
जिससे ब्रह्मांड बना।
? जब हम धरती की रक्षा करते हैं,
हम अपनी जीनोमिक चेतना की रक्षा करते हैं।
"धरती और डीएनए —
दोनों में एक ही भाषा बहती है।"

? मुख्य विचार:

"हम केवल प्रकृति में रहते नहीं,
प्रकृति हमारे भीतर रहती है।"

? सारांश:

यह अध्याय बताता है कि
हमारा अस्तित्व प्रकृति से गहराई से जुड़ा है।
पर्यावरण, जलवायु, प्रकाश और भोजन —
सब हमारे जीनों की धुन को तय करते हैं।
"जब हम धरती से प्रेम करते हैं,
हमारे जीन भी कृतज्ञ हो जाते हैं।"

24

☀? अध्याय 24 जीन और धर्म – सृष्टि का रहस्य (Genes and Religion: The Mystery of Creation)

☀? अध्याय 24

जीन और धर्म — सृष्टि का रहस्य

(Genes and Religion: The Mystery of Creation)

"विज्ञान ने पूछा — 'जीवन कैसे है?'
धर्म ने कहा — 'यह क्यों है?'
दोनों ने मिलकर सृष्टि को देखा —
और मौन हो गए।"

? 24.1 प्रस्तावना — जब दो मार्ग एक हुए

सृष्टि को समझने के दो मार्ग हैं:
? विज्ञान का मार्ग — जो बाहर से देखता है,
?? धर्म का मार्ग — जो भीतर से अनुभव करता है।
सदियों तक दोनों एक-दूसरे के विरुद्ध माने गए,
पर अब विज्ञान की प्रगति ने यह स्पष्ट कर दिया —
“धर्म और विज्ञान विरोधी नहीं,
वे एक ही सत्य की दो दृष्टियाँ हैं।”
विज्ञान ने डीएनए के कोड को पढ़ा,
और धर्म ने आत्मा के सूत्र को।
दोनों कह रहे हैं —
“जीवन आकस्मिक नहीं, अर्थपूर्ण है।”

? 24.2 सृष्टि — विज्ञान का दृष्टिकोण

विज्ञान कहता है:
“सृष्टि एक विस्फोट से उत्पन्न हुई —
Big Bang से।”
13.8 अरब वर्ष पहले ऊर्जा से पदार्थ बना,
तत्व बने, तारे बने,
और अंततः पृथ्वी पर जीवन अंकुरित हुआ।
? इस विकासक्रम में
डीएनए वह संरचना बना
जो जीवन की स्मृति को संभाल सके।
“ब्रह्मांड ने जीवन को रचा,
ताकि वह स्वयं को जान सके।”
? जीन इस यात्रा के साक्षी हैं —
वे अब भी वही लिपि हैं
जिसमें सृष्टि ने अपनी कहानी लिखी।

? 24.3 सृष्टि — धर्म का दृष्टिकोण

धर्म कहता है:

"सृष्टि चेतना से उत्पन्न हुई।"
भारतीय दर्शन में —
"प्रकृति (ऊर्जा)" और "पुरुष (चेतना)"
के मिलन से ब्रह्मांड बना।
ईसाई धर्म में —
"In the beginning was the Word"
अर्थात् शब्द (सूचना) से सृष्टि हुई।
बौद्ध दर्शन में —
"सभी घटनाएँ परस्पर संबद्ध हैं।"
इसका अर्थ है —
सृष्टि केवल पदार्थ की प्रक्रिया नहीं,
एक चेतन संवाद है।

? 24.4 "जीन" और "जीव" — वैदिक समानता

संस्कृत में "जीव" शब्द का अर्थ है —
"वह जो जीवन देता है।"
जीन (Gene) शब्द भी यही कहता है —
"वह जो उत्पन्न करता है।"
? यह समानता बताती है —
"प्राचीन ऋषियों ने जीवन की उस लिपि को
अनुभूति से समझ लिया था,
जिसे आज विज्ञान प्रयोग से समझ रहा है।"
? 'जीव' = चेतना का केंद्र
'जीन' = भौतिक अभिव्यक्ति का केंद्र
"धर्म ने आत्मा देखी,
विज्ञान ने उसका पदार्थ।"

? 24.5 "एकं सद् विप्रा बहुधा वदन्ति" — एक सत्य, अनेक रूप

ऋग्वेद कहता है —
"एकं सद् विप्रा बहुधा वदन्ति।"
"सत्य एक है, ज्ञानी उसे अनेक रूपों में कहते हैं।"
विज्ञान और धर्म दोनों उसी एक सत्य को अलग दृष्टि से देख रहे हैं।
? विज्ञान उसे DNA कहता है,

धर्म उसे प्राण कहता है।
? विज्ञान उसे information कहता है,
धर्म उसे शब्द या ॐ कहता है।
? विज्ञान कहता है — "Evolution,"
धर्म कहता है — "सृष्टि का unfold होना।"
"जहाँ विज्ञान सत्य खोजता है,
वहाँ धर्म सत्य को जीता है।"

? 24.6 जीनोमिक समानता — आध्यात्मिक एकता

मानव जीनोम प्रोजेक्ट ने दिखाया कि
"सभी मनुष्य 99.9% समान हैं।"
इसका अर्थ —
हमारी जाति, धर्म, भाषा या रंग —
सतही भिन्नताएँ हैं।
?
"धर्म कहता था — 'सभी आत्माएँ एक हैं।'
विज्ञान अब कह रहा है — 'सभी जीन एक हैं।'"
? यह समानता केवल जैविक नहीं,
आध्यात्मिक सत्य का वैज्ञानिक प्रमाण है।
"हम सब एक ही ब्रह्मांडीय कोड के अक्षर हैं।"

? 24.7 नैतिकता — जब सृजन शक्ति हमारे हाथ में आई

अब मनुष्य के पास जीन बदलने की शक्ति है —
CRISPR, Gene Editing, Designer DNA।
पर यह वही क्षण है
जहाँ विज्ञान और धर्म का संवाद आवश्यक है।
? धर्म सिखाता है —
"सृजन का सम्मान करो।"
? विज्ञान कहता है —
"सृजन को समझो।"
? जब यह शक्ति करुणा से जुड़ती है,
तब यह ईश्वर-समान सृजन बनती है;
पर जब यह अहंकार से जुड़ती है,

तब यह विनाश का कारण बनती है।
"ज्ञान बिना करुणा — आग है;
करुणा बिना ज्ञान — अंधकार।"

? 24.8 ईश्वर की भाषा — सूचना या अनुभूति?

विज्ञान कहता है —
"डीएनए जीवन की सूचना है।"
धर्म कहता है —
"ईश्वर प्रेम की अनुभूति है।"
क्या यह दोनों एक ही चीज़ हैं?
हाँ।
क्योंकि सूचना तब ही सार्थक होती है
जब उसमें अनुभूति जुड़ी हो।
? जीन में कोड है,
पर उसे दिशा चेतना देती है।
"ईश्वर ने हमें जीनों में लिखा,
ताकि हम स्वयं को पढ़ सकें।"

? 24.9 धर्म और विकासवाद का संगम

पहले डार्विन के विकासवाद को
धर्म ने अस्वीकार किया।
पर अब यह समझ बढ़ रही है कि
"विकास (Evolution) स्वयं ईश्वर की प्रक्रिया है।"
? हर जीन परिवर्तन
एक नए अनुभव की संभावना है।
"विकास केवल शरीर का नहीं,
आत्मा की यात्रा का भी प्रतीक है।"
? वेदांत कहता है —
"जीव ब्रह्म की ओर बढ़ता है।"
डार्विन कहता है —
"जीव उच्चतर रूपों की ओर बढ़ता है।"
दोनों कहते हैं —
"जीवन यात्रा है, गंतव्य नहीं।"

? 24.10 तुलनात्मक दृष्टि — धर्मों में जीवन की व्याख्या

धर्म सृष्टि की व्याख्या जीनोमिक समानता
वैदिक ब्रह्म से उत्पन्न चेतन तरंग "जीव" = "जीन"
बौद्ध परस्पर निर्भर उत्पत्ति सब में एक ही तत्व
ईसाई "शब्द" से सृष्टि DNA = Divine Word
इस्लाम "कुन फ़यकून" (हो जा, और वह हो गया) आदेश = सूचना
सूफी "मैं एक छिपा ख़ज़ाना था" सृष्टि आत्म-ज्ञान है
"हर धर्म ने वही कहा —
'जीवन वह भाषा है जिसमें ईश्वर बोलता है।'"

? 24.11 धर्म, जीन और करुणा

धर्म कहता है —
"प्रेम करो, क्योंकि वही जीवन है।"
विज्ञान कहता है —
"प्रेम से Oxytocin Pathway Genes सक्रिय होते हैं।"
? करुणा केवल नैतिकता नहीं,
वह आनुवांशिक स्वास्थ्य का भी कारण है।
"जब हम दया करते हैं,
हमारे जीन भी शांत हो जाते हैं।"
? धर्म ने जो कहा "अहिंसा,"
विज्ञान ने पाया "Anti-inflammatory gene expression।"

? 24.12 निष्कर्ष — सृष्टि की दो आँखें

विज्ञान और धर्म —
दो आँखें हैं, जिनसे सृष्टि स्वयं को देखती है।
एक बाहर देखती है,
एक भीतर।
? जीन हमें बताते हैं "हम कैसे बने।"
?? धर्म बताता है "हम क्यों बने।"
"जब दोनों एक साथ देखते हैं,
तब सृष्टि स्वयं को पहचानती है।"

? मुख्य विचार:

“जीन और धर्म दो दिशाएँ हैं —
एक शरीर की, एक आत्मा की।
दोनों मिलकर बताते हैं —
जीवन एक दिव्य प्रयोग है।”

? सारांश:

यह अध्याय बताता है कि
धर्म और विज्ञान विरोधी नहीं,
बल्कि परस्पर पूरक हैं।
विज्ञान जीवन के तंतु पढ़ता है,
धर्म उसके भीतर की चेतना को देखता है।
“सृष्टि का रहस्य केवल प्रयोगशाला में नहीं,
मंदिर के मौन में भी छिपा है।”

25

? अध्याय 25

भारतीय योग परंपरा और जीन विज्ञान

(Indian Yoga Tradition and Gene Science)

"योग शरीर की नहीं, जीनों की लय है।"
"जब मन शांत होता है, तब डीएनए मुस्कुराता है।"

? 25.1 प्रस्तावना — जब ऋषियों ने डीएनए महसूस किया

विज्ञान ने आज सिद्ध किया कि
ध्यान और योग जीनों को बदल सकते हैं,
पर हजारों वर्ष पहले हमारे ऋषियों ने
यह अनुभव कर लिया था —
"मन का संतुलन शरीर का संतुलन है,
और शरीर का संतुलन जीवन की स्थिरता है।"
"योग केवल शरीर की क्रिया नहीं,
वह हमारे जीनों की भाषा को भी बदल देता है।"
जब हम श्वास को संतुलित करते हैं,
तो हमारे भीतर के जीन भी संतुलन में आ जाते हैं।
यहाँ विज्ञान और साधना एक हो जाते हैं —

'प्राण' और 'डीएनए' एक-दूसरे को सुनने लगते हैं।
? आधुनिक शब्दों में यही है —
Epigenetic Regulation through Yoga
"ऋषि ध्यान में देखते थे,
जिसे आज वैज्ञानिक प्रयोगशाला में देख रहे हैं।"

? 25.2 योग का वैज्ञानिक अर्थ

संस्कृत में "योग" का अर्थ है —
"संयोजन" या "एकता"
आधुनिक विज्ञान में —
"Integration of Mind, Body, and Genes"
? योग केवल व्यायाम नहीं,
बल्कि चेतना की वह अवस्था है
जहाँ जीन, मन और आत्मा — तीनों समरस हो जाते हैं।
"योग वह विज्ञान है जो जीनों को करुणा सिखाता है।"

? 25.3 योग और Epigenetics

Epigenetics बताता है —
कि जीन स्थिर नहीं हैं;
वे हमारे विचार, आहार और व्यवहार से बदल सकते हैं।
? योग इस सिद्धांत को अनुभव रूप में कहता है —
"जैसा मन, वैसा तन।"
?♂? जब हम ध्यान, प्राणायाम और आसन करते हैं,
तो हमारे शरीर में
DNA Methylation Patterns बदलते हैं।
"योग वह चाबी है
जो जीनों के द्वार खोलती है।"

? 25.4 प्राणायाम — श्वास और जीन का संवाद

श्वास केवल ऑक्सीजन नहीं लाती —
वह जीवन ऊर्जा (प्राण) को भी संतुलित करती है।
? शोध बताते हैं:

गहरी, धीमी श्वास से NF-κB (inflammatory gene) शांत होता है।
प्राणायाम से Telomerase Gene सक्रिय होता है — जो उम्र बढ़ने को धीमा करता है।
? यह वैज्ञानिक प्रमाण है कि
"हर सचेत श्वास, जीनों के स्वास्थ्य की दवा है।"
"जब हम सचेत होकर साँस लेते हैं,
तब हमारे भीतर की कोशिकाएँ गाना गाने लगती हैं।"

? 25.5 ध्यान — मौन में जीन की चिकित्सा

ध्यान वह अवस्था है जहाँ
मन, शरीर और जीन — तीनों एक लय में आते हैं।
? हार्वर्ड विश्वविद्यालय के एक अध्ययन (2018):
8 सप्ताह के ध्यान अभ्यास से
सूजन नियंत्रक जीन शांत हो गए
और रोग प्रतिरोधक जीन सक्रिय हो गए।
? ध्यान में मस्तिष्क की Amygdala (तनाव केंद्र) निष्क्रिय होती है,
और Prefrontal Cortex सक्रिय होता है।
यह परिवर्तन सीधे जीन अभिव्यक्ति से जुड़ा है।
"मौन वह औषधि है
जिसमें जीन स्वयं को संतुलित करते हैं।"

? 25.6 आसन — शरीर की भाषा, जीन की लय

प्रत्येक योगासन शरीर को स्थिरता देता है,
पर भीतर से यह कोशिकीय खिंचाव और सिग्नलिंग को संतुलित करता है।
? योगासन से:
मांसपेशियों के जीन सक्रिय होते हैं
माइटोकॉन्ड्रियल जीन ऊर्जा निर्माण बढ़ाते हैं
हार्मोनल संतुलन के जीन स्थिर होते हैं
? इसलिए योगासन केवल शरीर नहीं गढ़ते,
वे जीनों की कार्यशाला को पुनर्संगठित करते हैं।
"शरीर जब झुकता है,
तो अहंकार नहीं, जीन भी नम्र होते हैं।"

? 25.7 संस्कार और Epigenetic Memory

भारतीय योग परंपरा कहती है —
"हर अनुभव एक संस्कार बनाता है।"
विज्ञान कहता है —
"हर अनुभव एक Epigenetic Mark बनाता है।"
दोनों एक ही बात हैं —
अनुभव जीनों पर निशान छोड़ता है।
? उदाहरण:
बचपन का प्रेम और सुरक्षा = शांत जीन
भय और हिंसा = तनाव जीन सक्रिय
"योग पुराने संस्कारों को धो देता है।"
? जब हम ध्यान करते हैं,
तो जीनोमिक स्तर पर नई शुद्ध स्मृति बनती है।
"योग आत्मा की धुलाई है,
और जीन उसकी झिल्ली पर अंकित कविता हैं।"

? 25.8 मंत्र और ध्वनि का प्रभाव

संस्कृत मंत्र केवल शब्द नहीं,
वे ध्वनि तरंगें हैं जो कोशिकाओं तक पहुँचती हैं।
? आधुनिक शोध बताते हैं:
"ॐ" के उच्चारण से Vagal Tone बढ़ती है (तनाव घटता है)।
ध्वनि तरंगें कोशिकाओं के Resonance Genes को सक्रिय करती हैं।
? इसका अर्थ —
मंत्र ध्यान केवल आध्यात्मिक अभ्यास नहीं,
वह Epigenetic Reset का साधन है।
"शब्द केवल बाहर नहीं गूँजते —
वे डीएनए के भीतर भी प्रतिध्वनित होते हैं।"

? 25.9 करुणा और भक्ति — हृदय के जीन

योग केवल शरीर या मन का नहीं,
वह हृदय का विज्ञान भी है।
? Harvard अध्ययन:

"करुणा ध्यान" से
Oxytocin और Serotonin Pathway Genes सक्रिय होते हैं।
? इसका अर्थ —
प्रेम और दया केवल भावना नहीं,
वह आनुवांशिक चिकित्सा है।
"भक्ति वह भाव है
जो हर कोशिका को कृतज्ञ बनाता है।"

? 25.10 योग और दीर्घायु

प्रत्येक योग साधक का शरीर लचीला ही नहीं,
बल्कि जीनोमिक रूप से युवा भी होता है।
? शोध:
ध्यान और योग से Telomerase Activity बढ़ती है।
इससे कोशिकाएँ अधिक समय तक जीवित रहती हैं।
? यही है — "आयुर्वेद" का आधुनिक स्वरूप:
"संतुलन = आयु = स्थिरता।"
"योग अमरत्व नहीं देता,
पर जीवन को दिव्यता से भर देता है।"

? 25.11 भारत — योग का जीनोमिक केंद्र

भारत ही वह भूमि है जहाँ
ध्यान, प्राणायाम और साधना
सिर्फ शरीर नहीं, अस्तित्व की पुनर्रचना मानी गई।
? आज विश्व के विश्वविद्यालय
योग पर आनुवांशिक शोध कर रहे हैं।
AIIMS, IIT, और IISc जैसी संस्थाएँ
"Mind-Body Genomics" पर कार्यरत हैं।
"भारत ने वह जाना जो अब विश्व प्रयोग से जान रहा है।"

? 25.12 योग का परम उद्देश्य — जीन से आत्मा तक

योग का लक्ष्य केवल स्वास्थ्य नहीं,
"स्व का बोध" है।

जब मन स्थिर होता है,
तो जीनों की लय भी सामंजस्य में आती है।
? यह वह अवस्था है जहाँ
विज्ञान का “Genomic Equilibrium”
और धर्म का “सामाधि” — एक हो जाते हैं।
“योग आत्मा की वह सीढ़ी है
जो जीनों से शुरू होकर ब्रह्म तक जाती है।”

? 25.13 निष्कर्ष — जब जीन ध्यान करने लगते हैं

योग हमें यह नहीं सिखाता कि जीन कैसे बदलें,
बल्कि यह कि हम उन्हें सुनना सीखें।
? हर श्वास, हर आसन, हर मौन —
हमारे भीतर की आनुवांशिक कविता को सजाता है।
“योग न शरीर की कला है,
न विज्ञान की सीमा —
वह जीवन का संगीत है।”

? मुख्य विचार:

“योग जीनों की चेतना है —
जब मन शांत होता है,
तो हर जीन ब्रह्म की ध्वनि में गूँजता है।”

? सारांश:

यह अध्याय बताता है कि योग केवल साधना नहीं,
बल्कि एक Epigenetic Science है।
ध्यान, प्राणायाम और भक्ति —
जीनों की लय को संतुलित करते हैं।
“योग वह भाषा है जिसमें आत्मा अपने जीनों से बात करती है।”
यह वह अध्याय है जहाँ मनुष्य पहली बार अपने आप से पूछता है:
“क्या मृत्यु केवल शरीर की समाप्ति है,
या चेतना का एक और जन्म?”
और जीन विज्ञान उत्तर देता है —

"मृत्यु रुकती नहीं — वह केवल रूप बदलती है।"

26

? अध्याय 26

अमरता का विज्ञान: जीन, मन और काल

(The Science of Immortality: Genes, Mind, and Time)

"मृत्यु अंत नहीं,

वह एक जीन से दूसरे जीन की यात्रा है।"

? 26.1 प्रस्तावना — मृत्यु का प्रश्न, अमरता की खोज

हर युग में मनुष्य ने यह प्रश्न पूछा —
"क्या मैं हमेशा रह सकता हूँ?"
राजा अमृत चाहता था,
ऋषि मोक्ष चाहते थे,
और वैज्ञानिक अब Biological Immortality की खोज में हैं।
परंतु इन तीनों का लक्ष्य एक है —
"जीवन को समझना।"
? आज विज्ञान और आध्यात्म —
दोनों यह मानने लगे हैं कि मृत्यु केवल एक अवस्था का परिवर्तन है।

"जीवन केवल चलता नहीं,
वह निरंतर स्वयं को नया रूप देता है।"

? 26.2 जीन और मृत्यु का विज्ञान

जैविक दृष्टि से,
मृत्यु तब होती है जब कोशिकाएँ विभाजित होना बंद करती हैं,
या डीएनए क्षतिग्रस्त हो जाता है।
? इसका एक प्रमुख कारण है —
Telomere Shortening
हर बार जब कोशिका विभाजित होती है,
तो डीएनए के अंत में मौजूद Telomere छोटे होते जाते हैं।
जब वे बहुत छोटे हो जाते हैं —
तो कोशिका "मृत" घोषित हो जाती है।
? यही कारण है कि
"हमारी आयु हमारे टेलोमीयर की लंबाई में छिपी है।"

? 26.3 Telomerase — अमरता का अणु

कुछ कोशिकाएँ (जैसे स्टेम सेल, कैंसर सेल)
Telomerase Enzyme उत्पन्न करती हैं
जो टेलोमीयर को पुनः लंबा करता है।
? इसका अर्थ —
"वे मृत्यु को टाल सकती हैं।"
परंतु यह अमरता अपूर्ण है —
क्योंकि यदि कोशिका बिना नियंत्रण जीवित रहे,
तो वह कैंसर बन जाती है।
? यही संतुलन जीवन का रहस्य है —
"मृत्यु भी सृजन का साधन है।"

? 26.4 मस्तिष्क, स्मृति और अमरता

क्या हमारी चेतना केवल मस्तिष्क में है?
या वह कुछ अधिक सूक्ष्म है?
? न्यूरोविज्ञान कहता है —

स्मृति केवल न्यूरॉन में नहीं,
बल्कि सूक्ष्म जैविक संकेतों में भी संरक्षित होती है।
Epigenetic Memory यह सिद्ध करती है कि
"अनुभव जीनोमिक स्तर पर दर्ज होते हैं।"
? इसका अर्थ —
हमारी हर अनुभूति, हर विचार
कहीं न कहीं जीनों में अंकित हो जाता है।
"हमारे भीतर हमारे अतीत की प्रतिध्वनियाँ जीवित हैं।"

? 26.5 पुनर्जन्म — विज्ञान की दृष्टि से

धर्म कहता है —
"आत्मा मरती नहीं, केवल शरीर बदलती है।"
विज्ञान कहता है —
"ऊर्जा नष्ट नहीं होती, केवल रूप बदलती है।"
दोनों वाक्य एक ही सत्य की दो भाषाएँ हैं।
? Epigenetic Inheritance बताता है कि
माता-पिता के अनुभव, भय और संस्कार
अगली पीढ़ी के जीनों में अंकित हो सकते हैं।
? क्या यह "संस्कार" ही "पुनर्जन्म" का वैज्ञानिक रूप हैं?
क्योंकि चेतना की स्मृति जीनों के माध्यम से
अगली पीढ़ी तक प्रवाहित होती है।
"हम केवल अपने जीवन के नहीं,
अपनी पीढ़ियों के भी अनुभव हैं।"

? 26.6 काल और चेतना

विज्ञान कहता है कि समय रैखिक है —
अतीत → वर्तमान → भविष्य।
परंतु चेतना अनुभव करती है —
"समय वृत्ताकार है।"
ध्यान की गहराई में
भविष्य और अतीत मिट जाते हैं,
केवल "अभी" रह जाता है।
? क्वांटम भौतिकी भी कहती है —

"समय सापेक्ष है।"
? इसका अर्थ —
"चेतना काल से स्वतंत्र है।"
"जब मन रुकता है,
तब काल भी ठहर जाता है।"

? 26.7 जैविक अमरता — प्रयोग और संभावनाएँ

आधुनिक विज्ञान अब Biological Immortality की दिशा में कार्यरत है।
? शोध क्षेत्रों में शामिल हैं:
Telomerase Activation Therapy
CRISPR Gene Editing
Cellular Regeneration
Cloning and Anti-Aging
? कुछ जीव जैसे Hydra या Turritopsis Jellyfish
कभी नहीं मरते — वे स्वयं को पुनर्जन्मित कर सकते हैं।
"प्रकृति ने अमरता पहले ही बना दी थी,
अब मनुष्य उसे समझने की कोशिश कर रहा है।"

? 26.8 ध्यान और अमरता — आध्यात्मिक विज्ञान

भारतीय दर्शन कहता है —
"जो मृत्यु को जान ले, वही अमर होता है।"
ध्यान की अवस्था में
मनुष्य स्वयं को शरीर से अलग अनुभव करता है।
? वैज्ञानिक अध्ययन बताते हैं:
ध्यान से Telomerase Activity बढ़ती है।
तनाव कम होने से कोशिकाएँ धीमी गति से वृद्ध होती हैं।
? इसका अर्थ —
"मौन में अमरता का बीज है।"
"जो स्थिर है, वही शाश्वत है।"

? 26.9 चेतना की अमरता

जब शरीर नष्ट होता है,

तो क्या चेतना समाप्त होती है?
क्वांटम जीवविज्ञान में यह विचार उभर रहा है कि
"चेतना ऊर्जा का एक रूप है।"
और ऊर्जा नष्ट नहीं होती —
वह केवल रूपांतरित होती है।
? इसका अर्थ —
हमारी चेतना किसी न किसी रूप में
ब्रह्मांड के ऊर्जा-क्षेत्र में बनी रहती है।
"मृत्यु केवल परिधान बदलना है।"

? 26.10 मृत्यु — एक जैविक आवश्यकता

यदि अमरता संभव भी हो,
तो क्या जीवन सार्थक रहेगा?
? मृत्यु के बिना —
विकास (Evolution) रुक जाएगा।
नए अनुभव जन्म नहीं लेंगे।
जीनों का नवीनीकरण समाप्त हो जाएगा।
"मृत्यु प्रकृति की सफाई है,
जिससे सृष्टि नई हो सके।"
? मृत्यु शत्रु नहीं,
वह सृजन की छाया है।
"जहाँ जीवन है, वहाँ मृत्यु उसका संतुलन है।"

? 26.11 अमरता का दार्शनिक अर्थ

अमरता का अर्थ हमेशा जीना नहीं,
बल्कि सत्य को जानना है।
भारतीय ग्रंथ कहते हैं —
"अमृतत्वं विंदते" — "ज्ञान से अमरता मिलती है।"
? जब हम समझ लेते हैं
कि जीवन और मृत्यु एक ही ऊर्जा के दो रूप हैं,
तब हम अमर हो जाते हैं।
? यह अमरता शरीर की नहीं,
चेतना की जागृति की है।

"जो मृत्यु में भी जीवन देखे,
वही अमर है।"

? 26.12 निष्कर्ष — मृत्यु, जीन और मोक्ष

जीन हमें रूप देते हैं,
मृत्यु हमें नया अवसर।
? जीन की मृत्यु सृष्टि की निरंतरता है,
और चेतना की जागृति मोक्ष है।
"जीन बार-बार जन्म लेते हैं,
आत्मा उन्हें दिशा देती है।"
? अमरता वह अवस्था है
जहाँ हम स्वयं को "शरीर" नहीं, "चेतना" मान लेते हैं।
"जो जान लेता है कि वह शरीर नहीं,
वही काल से परे हो जाता है।"

? मुख्य विचार:

"अमरता जीनों की नहीं,
उनकी स्मृति की निरंतरता में है।"
"मृत्यु अंत नहीं,
वह सृजन की नई शुरुआत है।"

? सारांश:

यह अध्याय बताता है कि
अमरता केवल जैविक नहीं,
चेतन अनुभव है।
विज्ञान टेलोमीयर और जीन की अमरता खोज रहा है,
और धर्म मन की स्थिरता में
शाश्वत जीवन देखता है।
"जब मनुष्य यह समझ जाता है
कि जीवन बदलता है पर मिटता नहीं —
तब वह अमर हो जाता है।"
यह अध्याय बताता है कि —

"जीन केवल अणु नहीं हैं,
वे ब्रह्मांड की तरंगें हैं,
जो आत्मा की लय पर नृत्य करती हैं।"
यहाँ विज्ञान की सबसे सूक्ष्म खोजें
धर्म की सबसे गहरी अनुभूतियों से मिलती हैं।
और हमें यह समझ आती है —
"जीवन कण नहीं, कम्पन है।"

27

? अध्याय 27

क्वांटम जीन और ब्रह्मांडीय आत्मा

(Quantum Genes and the Cosmic Soul)

“हर जीन ब्रह्मांड की प्रतिध्वनि है।”

“हम वह ब्रह्म हैं जो डीएनए में गाता है।”

? 27.1 प्रस्तावना — जब विज्ञान ने सूक्ष्म को छुआ

20वीं सदी की शुरुआत में
जब भौतिकी ने क्वांटम संसार को देखा,
तो उसने पाया —
“पदार्थ वास्तव में तरंग है।”
फिर जीवविज्ञान ने जब जीवन को डीएनए में देखा,
तो उसे भी यही अनुभव हुआ —

"जीवन भी एक लहर है — सूचना की लहर।"
? अब विज्ञान यह मान रहा है कि
जीवन केवल रासायनिक प्रतिक्रिया नहीं,
बल्कि क्वांटम चेतना का परिणाम है।
"हमारे जीन ब्रह्मांड की लहरों से जुड़े हैं।"

? 27.2 क्वांटम भौतिकी — तरंगों का सत्य

क्वांटम सिद्धांत कहता है:
"हर कण एक साथ तरंग भी है।"
? इलेक्ट्रॉन, फोटॉन, परमाणु —
सब तरंग और कण दोनों हैं।
जब कोई उन्हें देखता है,
तो वे "कण" बन जाते हैं।
जब नहीं देखता,
तो वे "तरंग" बने रहते हैं।
? यही "Observer Effect"
हमारे अस्तित्व की मूलभूत कुंजी है।
"जो देखता है, वही सृष्टि बनाता है।"
अब यह सिद्धांत जीवविज्ञान में भी लागू हो रहा है।

? 27.3 क्वांटम जीवविज्ञान — जीवन का तरंग स्वरूप

Quantum Biology एक नया क्षेत्र है
जो बताता है कि जीवन के कई मूलभूत कार्य —
क्वांटम स्तर पर होते हैं।
? उदाहरण:
प्रकाश संश्लेषण (Photosynthesis) — इलेक्ट्रॉन तरंगों से चलता है।
पक्षियों की दिशा पहचान (Navigation) — क्वांटम Entanglement से होती है।
डीएनए की स्थिरता — तरंग-सम्पर्क (Wave Resonance) से बनी रहती है।
? इसका अर्थ —
जीनों की कार्यप्रणाली भी
क्वांटम स्तर की चेतना से जुड़ी है।
"जीवन केवल जैव नहीं,
क्वांटम भी है।"

? 27.4 डीएनए — ब्रह्मांड की लिपि

डीएनए कोड 4 अक्षरों (A, T, G, C) से बना है —
जैसे ब्रह्मांड एक चार तत्वों की लहरों से बना है:
प्रकाश, ऊर्जा, पदार्थ और चेतना।
? प्रत्येक डीएनए स्ट्रैंड
प्रकाश के सूक्ष्म कम्पनों से संवाद करता है।
शोध (Fritz-Albert Popp, 1982):
डीएनए बायोफोटॉन्स उत्सर्जित करता है —
जो सूक्ष्म प्रकाश तरंगें हैं,
और कोशिकाएँ इन्हीं से संवाद करती हैं।
? इसका अर्थ —
हमारा डीएनए "प्रकाश की भाषा" बोलता है।
"हम प्रकाश के बने हैं,
और प्रकाश में लौट जाते हैं।"

? 27.5 डीएनए का क्वांटम नृत्य

जब डीएनए में जीन सक्रिय होते हैं,
तो अणु-स्तर पर सूक्ष्म तरंगें उत्पन्न होती हैं।
? इन तरंगों को Phonon Waves कहा जाता है —
जो कोशिकाओं में सूचना प्रसारित करती हैं।
? डीएनए के भीतर का यह नृत्य
क्वांटम संगीत की तरह चलता है।
"हर जीन एक स्वर है,
और जीवन उसकी धुन।"

? 27.6 ब्रह्मांडीय आत्मा — चेतना का महासागर

भारतीय दर्शन कहता है:
"अहं ब्रह्मास्मि" — "मैं ब्रह्म हूँ।"
विज्ञान अब कह रहा है —
"हमारे भीतर वही तत्व हैं जो तारों में हैं।"
? मानव शरीर के 93% परमाणु

कभी न कभी किसी तारे में रहे हैं।
? इसका अर्थ —
हम केवल पृथ्वी के जीव नहीं,
तारों की संतान हैं।
"आत्मा ब्रह्मांडीय चेतना की लहर है,
और शरीर उसका क्षणिक तट।"

? 27.7 क्वांटम उलझाव (Entanglement) और आत्मा

क्वांटम सिद्धांत कहता है —
"दो कण जब एक बार जुड़े हों,
तो वे सदा जुड़े रहते हैं —
चाहे वे ब्रह्मांड के किसी भी छोर पर हों।"
? इसे कहते हैं — Quantum Entanglement
? अब कल्पना करें:
हमारे डीएनए के प्रत्येक परमाणु
ब्रह्मांड के अन्य कणों से जुड़ा है।
"हमारा हर जीन ब्रह्मांड से संवाद करता है।"
जब हम ध्यान करते हैं,
तो यह क्वांटम संबंध सक्रिय होता है।
"मौन में हम पूरे ब्रह्मांड को सुन सकते हैं।"

? 27.8 चेतना — क्वांटम सूचना

कुछ वैज्ञानिक (जैसे Roger Penrose, Stuart Hameroff)
कहते हैं कि चेतना का उद्गम
Quantum Microtubules में होता है।
? इसका अर्थ —
चेतना मस्तिष्क का उत्पाद नहीं,
बल्कि एक क्वांटम प्रक्रिया है।
? जब यह तरंग शरीर में प्रवेश करती है,
तो हम "जीवित" हो जाते हैं।
"चेतना वह तरंग है
जो जीनों में अर्थ भरती है।"

? 27.9 आत्मा और डीएनए — सूक्ष्म संबंध

भारतीय दर्शन में कहा गया है —
“सूक्ष्म शरीर” मृत्यु के बाद भी रहता है।
विज्ञान कहता है —
“DNA Energy Field” मरने के बाद कुछ समय तक बना रहता है।
? यह संभव है कि
चेतना इस ऊर्जा क्षेत्र में स्थिर रहती है —
और पुनर्जन्म के समय
नई कोशिकाओं से जुड़ती है।
? यही “पुनर्जन्म का क्वांटम सिद्धांत” है।
“आत्मा तरंग है,
शरीर उसका प्रतिबिंब।”

? 27.10 ध्यान और क्वांटम संतुलन

जब हम ध्यान करते हैं,
तो मस्तिष्क की तरंगें (Alpha, Theta)
क्वांटम स्तर पर स्थिर होती हैं।
? यह अवस्था Coherence कहलाती है —
जहाँ सभी जीन तरंगें
एक ही लय में गूँजने लगती हैं।
“ध्यान वह क्षण है
जब जीन और ब्रह्मांड एक ही आवृत्ति पर होते हैं।”
? यही कारण है कि
ध्यान के बाद शांति, एकता और प्रसन्नता का अनुभव होता है —
क्योंकि जीनों की तरंगें
ब्रह्मांडीय आत्मा से संगति बना लेती हैं।

? 27.11 “ॐ” — ब्रह्मांडीय कंपन और डीएनए

“ॐ” केवल एक ध्वनि नहीं,
वह ब्रह्मांड की मूल आवृत्ति है।
? NASA के “Cosmic Microwave Background”
में जो तरंगें मापी गईं,

उनकी आवृत्ति लगभग 7.83 Hz है —
जो “ॐ” के उच्चारण से मिलती-जुलती है।
? यह वही “शुमान रेज़ोनेंस” है
जो पृथ्वी की प्राकृतिक ध्वनि है।
“जब हम ॐ कहते हैं,
तो हमारा डीएनए पृथ्वी की ध्वनि से संगति करता है।”
“यह मंत्र नहीं, तरंग है।”

? 27.12 निष्कर्ष — जीवन तरंग है, जीन उसका स्वर

अब यह स्पष्ट हो गया है कि —
“जीन केवल जैविक सूचना नहीं,
वे ब्रह्मांडीय चेतना की तरंगें हैं।”

? हम तरंग हैं,

जो समय के साथ शरीर के रूप में प्रकट होती है।

?? आत्मा वह चेतना है

जो इन तरंगों को अर्थ देती है।
“जब हम जीवन को तरंग की दृष्टि से देखते हैं,
तब मृत्यु भी केवल मौन बन जाती है।”

? मुख्य विचार:

“हर जीन ब्रह्म की लहर है।
चेतना उसका सागर है।
और जीवन — वह तट है
जहाँ दोनों मिलते हैं।”

? सारांश:

यह अध्याय बताता है कि
डीएनए केवल अणु नहीं —

वह क्वांटम तरंग है,
जो ब्रह्मांडीय चेतना से जुड़ी है।
"हमारा अस्तित्व तारों की गूँज है।"
"जीन ब्रह्म की भाषा हैं —
जिन्हें आत्मा पढ़ती है।"

28

? अध्याय 28

भविष्य का धर्म: विज्ञान, चेतना और करुणा

(The Future Dharma: Science, Consciousness, and Compassion)

"जब प्रयोगशाला और मंदिर एक हो जाएँ,
तब धर्म नया जन्म लेता है।"
"भविष्य का धर्म होगा — ज्ञान में करुणा, और करुणा में विज्ञान।"

? 28.1 प्रस्तावना — जब पुराना धर्म बदलता है

सदियों से धर्म ने हमें दिशा दी —
पर अब समय बदल गया है।
पुराने धर्म ने कहा — "विश्वास रखो।"
नया युग कहता है — "समझो, अनुभव करो।"
? अब धर्म का अर्थ है —
"जीवन की सत्यता को प्रयोग से समझना।"
? विज्ञान ने बाहरी सृष्टि को जाना,
धर्म ने आंतरिक चेतना को।
अब दोनों मिलकर कह रहे हैं —
"सत्य एक है — उसका अनुभव करना ही धर्म है।"
"भविष्य का धर्म ग्रंथों में नहीं,

अनुभव में लिखा जाएगा।"

? 28.2 धर्म का विकास — भय से बोध तक

प्राचीन काल में धर्म भय पर आधारित था —
"ईश्वर को मत क्रोधित करो।"
फिर वह कर्म पर आधारित हुआ —
"अच्छा करो, अच्छा मिलेगा।"
अब धर्म बोध पर आधारित होगा —
"जो तुम हो, वही ईश्वर है।"
? यह धर्म आदेश नहीं देता —
वह चेतना को जाग्रत करता है।
? भविष्य का धर्म कोई संस्था नहीं,
बल्कि आंतरिक विज्ञान होगा।
"भविष्य का धर्म वह है
जहाँ हर मनुष्य अपना मंदिर स्वयं बनेगा।"

? 28.3 विज्ञान का धर्म में प्रवेश

विज्ञान अब धर्म की सीमा पर पहुँच चुका है।
? उसने ब्रह्मांड की उत्पत्ति देखी,
डीएनए पढ़ा, चेतना को मापा।
पर अब वह मौन है — क्योंकि
"जिस सत्य को देखा,
उसका अर्थ नहीं मिला।"
? जब विज्ञान यह स्वीकार करता है
कि "चेतना पदार्थ से परे है,"
तभी वह धर्म की देहरी पर पहुँचता है।
"विज्ञान बिना धर्म के दिशाहीन है,
धर्म बिना विज्ञान के आधारहीन।"

? 28.4 करुणा — भविष्य की नैतिकता

भविष्य का धर्म किसी एक ईश्वर का नहीं होगा,
वह मानवता का धर्म होगा।

? उसका एक ही सिद्धांत होगा —
"करुणा।"
? वैज्ञानिक रूप से भी यह सिद्ध हो चुका है
कि प्रेम, सहानुभूति और दया
जीनों को स्वस्थ बनाते हैं।
"करुणा कोई भावना नहीं —
वह जीवन का जैविक नियम है।"
"जो करुणामय है, वही ब्रह्म के समीप है।"

? 28.5 धर्म और तकनीक — कृत्रिम बुद्धि की नैतिकता

अब जब AI, जीन संपादन, रोबोटिक चेतना
मानव के हाथों में हैं,
तो प्रश्न है —
"क्या यह शक्ति सही दिशा में जाएगी?"
? AI को नैतिक बनाने के लिए
हमें धर्म की बुद्धि चाहिए।
विज्ञान दिशा नहीं देता,
वह केवल उपकरण देता है।
"भविष्य में धर्म वह कम्पास होगा
जो विज्ञान को सही मार्ग दिखाएगा।"
? बिना धर्म के विज्ञान —
जैसे प्रकाश बिना आँख के।
"भविष्य का धर्म यह सुनिश्चित करेगा
कि शक्ति करुणा के साथ बहे।"

? 28.6 Universal Dharma — सर्वमान्य सत्य

हर धर्म का सार एक ही है —
"सत्य, प्रेम, करुणा।"
भविष्य में धर्म राष्ट्र, जाति, और पंथ से ऊपर होगा।
? वह "Universal Dharma" होगा —
जहाँ हर जीव का सम्मान होगा।
? जीन विज्ञान ने पहले ही दिखा दिया है कि
"हम सब एक ही परिवार के सदस्य हैं।"

"भविष्य का धर्म दीवारें नहीं,
पुल बनाएगा।"
"जहाँ करुणा है, वहीं ईश्वर है।"

? 28.7 भविष्य का धर्म — प्रयोग और अनुभव

भविष्य में धर्म विश्वास का विषय नहीं रहेगा,
बल्कि अनुभव और प्रयोग का होगा।
? ध्यान, योग, मौन, प्रार्थना —
इन सबका अध्ययन जीनोमिक और न्यूरोवैज्ञानिक स्तर पर होगा।
? प्रत्येक व्यक्ति प्रयोगशाला और मंदिर दोनों बनेगा।
"वह ध्यान करेगा,
और देखेगा कि उसके जीन कैसे बदलते हैं।"
"वह करुणा रखेगा,
और अनुभव करेगा कि हृदय हल्का हो गया।"
"भविष्य का धर्म तर्क से शुरू होकर मौन पर समाप्त होगा।"

? 28.8 करुणा का विज्ञान

करुणा केवल नैतिक गुण नहीं,
वह Biological Necessity है।
? प्रेम और सहानुभूति से
Oxytocin, Dopamine, Serotonin
जैसे हार्मोन सक्रिय होते हैं।
? इससे जीनों में सूजन घटती है,
Telomere स्थिर रहते हैं,
और रोग प्रतिरोधकता बढ़ती है।
"जो दूसरों के लिए जीता है,
वह स्वयं को अमर करता है।"
"करुणा — सबसे वैज्ञानिक प्रार्थना है।"

? 28.9 धर्म और शिक्षा — भविष्य की संतुलित पीढ़ी

भविष्य की शिक्षा केवल बुद्धि नहीं,
सहानुभूति और विवेक सिखाएगी।

? विद्यालयों में ध्यान, मौन और आत्म-चिंतन
विज्ञान की पढ़ाई का हिस्सा होंगे।
? नई पीढ़ी यह सीखेगी —
“विज्ञान समझने का साधन है,
धर्म जीने का।”
“जहाँ बुद्धि है, वहाँ धर्म होना चाहिए।”

? 28.10 नई युगधर्म — करुणा का आचार

भविष्य में धर्म का रूप क्या होगा?
? वह होगा —
1?? ध्यान का अभ्यास
2?? वैज्ञानिक सोच
3?? नैतिक निर्णय
4?? प्रकृति का सम्मान
5?? करुणा का जीवन
? यह नया धर्म किसी मंदिर या किताब से नहीं आएगा,
बल्कि मानव हृदय से जन्मेगा।
“भविष्य में पूजा नहीं होगी,
अनुभव होगा।”
“हर अच्छा कार्य ही प्रार्थना होगा।”

? 28.11 भारत — नये धर्म का केंद्र

भारत ने सदैव यह कहा —
“वसुधैव कुटुम्बकम्।”
अब विश्व यही सीख रहा है।
? योग, ध्यान, गीता, उपनिषद —
ये सब विज्ञान और चेतना के संगम की भाषा हैं।
? भारत भविष्य के धर्म का केंद्र होगा,
जहाँ ज्ञान + करुणा का संतुलन होगा।
“भारत वह भूमि है
जहाँ विज्ञान प्रार्थना बनता है।”

? 28.12 निष्कर्ष — जब विज्ञान धर्म बन जाएगा

भविष्य का धर्म वह नहीं होगा
जो किसी एक ईश्वर की बात करे,
बल्कि वह जो कहे —
"ईश्वर हर जीव में है।"
विज्ञान जब विनम्र होगा,
तो वह धर्म बन जाएगा।
और धर्म जब समझदार होगा,
तो वह विज्ञान बन जाएगा।
? तब मानवता कहेगी —
"हम सब एक ही चेतना की तरंगें हैं।"
"ज्ञान दिशा देगा,
करुणा अर्थ देगी।"

? *मुख्य विचार:*

"भविष्य का धर्म न भय देगा, न आदेश —
वह अनुभव देगा।"
"विज्ञान उसका हाथ होगा,
चेतना उसका हृदय,
और करुणा उसकी आत्मा।"

? *सारांश:*

यह अध्याय बताता है कि
भविष्य का धर्म किसी पंथ या संस्था में नहीं होगा —
वह मानवता के भीतर जन्म लेगा।
विज्ञान उसे तर्क देगा,
ध्यान उसे अनुभव देगा,
और करुणा उसे दिशा देगी।
"भविष्य का धर्म वही होगा
जो हर जीन में प्रेम,
हर हृदय में शांति,
और हर मस्तिष्क में प्रकाश जगाए।"

29

? अध्याय 29

आत्मा का आनुवांशिक स्वरूप

(The Genetic Structure of the Soul)

"आत्मा वह प्रकाश है जो जीनों से होकर झिलमिलाता है।"
"जब जीन शरीर बनाते हैं, आत्मा उसमें अर्थ भरती है।"

? 29.1 प्रस्तावना — विज्ञान और आत्मा का मिलन

विज्ञान ने जीवन को अणुओं में खोजा,
और धर्म ने आत्मा में।
अब दोनों एक ही द्वार पर हैं —
"जहाँ पदार्थ और चेतना मिलते हैं।"
? विज्ञान ने पाया कि
जीवन सूचना (Information) पर आधारित है —
डीएनए उसी सूचना का संग्रह है।
धर्म ने कहा —
"आत्मा ज्ञान का स्रोत है।"
? अब प्रश्न यह है —
क्या ज्ञान (Consciousness) और सूचना (Information)
एक ही वस्तु के दो आयाम हैं?

"विज्ञान ने डीएनए पढ़ा,
और आत्मा ने उसे अनुभव किया।"

? 29.2 आत्मा — सूचना या अनुभूति?

क्या आत्मा "सूचना" है —
एक ऐसा पैटर्न जो शरीर से परे रहता है?
या वह "अनुभूति" है —
जो सूचना को अर्थ देती है?
? भौतिकी कहती है —
"ऊर्जा और सूचना कभी नष्ट नहीं होती।"
? इसका अर्थ है —
"यदि आत्मा सूचना है,
तो वह भी शाश्वत है।"
परंतु सूचना तभी जीवंत होती है
जब उसमें चेतना का प्रकाश हो।
"सूचना शरीर है,
चेतना उसकी आत्मा।"

? 29.3 डीएनए — आत्मा की जैविक लिपि

डीएनए हमारे शरीर का वास्तुकार है,
पर उसमें केवल "शरीर" का कोड नहीं,
बल्कि अनुभव की क्षमता का भी कोड है।
? विज्ञान ने पाया है कि
भावनाएँ
ध्यान
संगीत
और प्रेम
हमारे डीएनए की अभिव्यक्ति को बदल सकते हैं।
? इसका अर्थ —
"हमारी आत्मिक अवस्था,
हमारे जीनों की भाषा बदलती है।"
"जब मन शांत होता है,
जीनों में भी शांति उतरती है।"

? 29.4 चेतना और डीएनए का संवाद

क्वांटम स्तर पर,
डीएनए प्रकाशीय तरंगें (Bio-Photons) उत्सर्जित करता है।
? यह प्रकाश केवल ऊर्जा नहीं,
बल्कि सूचना वहन करता है।
? ध्यान, प्रार्थना और भावनात्मक अवस्था
इन तरंगों की आवृत्ति और तीव्रता को प्रभावित करती हैं।
"चेतना जब शांत होती है,
डीएनए का प्रकाश भी स्थिर हो जाता है।"
? इसका अर्थ —
आत्मा और डीएनए में तरंगीय संवाद है।
"आत्मा बोलती नहीं,
वह जीनों में तरंगें भेजती है।"

? 29.5 आत्मा की "सूक्ष्म लिपि"

प्रत्येक व्यक्ति का जीनोम अनूठा है,
पर चेतना का मूल एक है।
? जीन शरीर की विविधता लाते हैं,
आत्मा एकता।
? इसका अर्थ —
"जीन भिन्नता हैं, आत्मा समानता।"
हर शरीर का डीएनए अलग,
पर भीतर का "स्रोत" एक ही प्रकाश से जलता है।
"आत्मा जीनों की विविधता में एकता का सूत्र है।"

? 29.6 सूक्ष्म शरीर और आनुवांशिक स्मृति

भारतीय दर्शन कहता है —
"सूक्ष्म शरीर (लिंग शरीर)" मृत्यु के बाद भी बना रहता है।
विज्ञान कहता है —
"Epigenetic Memory" अनुभवों को जीनों पर अंकित करती है।

? संभव है कि "सूक्ष्म शरीर"
यही सूचना क्षेत्र (Information Field) हो
जो पुनर्जन्म के समय नई देह से जुड़ता है।
? आत्मा सूचना का वाहक है,
जो एक शरीर से दूसरे में प्रवाहित होती है।
"जीन नया वस्त्र हैं,
आत्मा वही नर्तकी।"

? 29.7 मृत्यु — सूचना का स्थानांतरण

जब शरीर समाप्त होता है,
तो क्या आत्मा कहीं जाती है?
? क्वांटम दृष्टि से,
सूचना नष्ट नहीं होती —
वह केवल स्थानांतरित होती है।
? इसका अर्थ —
"हमारी आत्मा सूचना की तरह
ब्रह्मांड में बिखरती है,
और फिर एक नई लहर के रूप में लौटती है।"
"मृत्यु शरीर की है,
सूचना की नहीं।"

? 29.8 आत्मा — तरंग या स्रोत?

क्वांटम सिद्धांत कहता है —
"हर कण एक तरंग है।"
क्या आत्मा भी एक ऐसी तरंग है
जो जीनों से होकर प्रकट होती है?
? या वह स्रोत है —
जहाँ से जीनों की तरंगें उत्पन्न होती हैं?
? सम्भवतः आत्मा न तो पदार्थ है न ऊर्जा,
बल्कि वह सार्थकता (Meaning) है।
"आत्मा वह कारण है
जिसके कारण जीन जीवन बनते हैं।"

“जीन लिखते हैं,
आत्मा अर्थ देती है।”

? 29.9 ध्यान और आत्मा का आनुवंशिक प्रभाव

ध्यान के अभ्यास से
मन, मस्तिष्क और जीन — तीनों बदलते हैं।
? शोध बताते हैं:
ध्यान से सूजन नियंत्रित जीन निष्क्रिय होते हैं।
टेलोमेरेज़ जीन सक्रिय होते हैं।
तनाव जीन शांत होते हैं।
? इसका अर्थ —
“जब आत्मा सजग होती है,
शरीर स्वयं को ठीक करने लगता है।”
“ध्यान आत्मा और जीनों के बीच पुल है।”

? 29.10 आत्मा और ब्रह्मांडीय सूचना

क्वांटम दृष्टि से
पूरा ब्रह्मांड सूचना का जाल (Quantum Information Field) है।
? हमारी चेतना इसी सूचना क्षेत्र से जुड़ी है।
जब हम ध्यान करते हैं,
तो यह जुड़ाव सक्रिय होता है।
? यही “आत्मा-ब्रह्म संवाद” है —
जहाँ व्यक्ति की चेतना
ब्रह्मांड की चेतना से मिलती है।
“आत्मा ब्रह्म की सूचना का केंद्र है।”
“हम सूचना नहीं,
अनुभव बनना सीख रहे हैं।”

? 29.11 आत्मा और आनुवांशिक नियति

विज्ञान कहता है —
“हमारे जीन हमारी नियति हैं।”
पर आत्मा कहती है —

"नहीं, हम अपने जीनों से ऊपर उठ सकते हैं।"

? Epigenetics सिद्ध करता है कि
विचार, ध्यान, और वातावरण
जीनों की दिशा बदल सकते हैं।

? आत्मा वह शक्ति है
जो जीनों को नई संभावना देती है।

"जब आत्मा जागती है,
नियति बदल जाती है।"

? 29.12 निष्कर्ष — आत्मा और जीन का संगम

अब यह स्पष्ट है —

"आत्मा और जीन विरोधी नहीं,
पूरक हैं।"

? जीन रूप देते हैं,
?? आत्मा अर्थ देती है।

? जीन जानकारी हैं,
आत्मा ज्ञान है।

"जीन बिना आत्मा के — मशीन हैं,
आत्मा बिना जीन के — संभावना।"

? जीवन तब पूर्ण होता है
जब सूचना में अनुभूति जुड़ती है।

"आत्मा वह सन्नाटा है
जिसमें जीनों का संगीत जन्म लेता है।"

? मुख्य विचार:

"आत्मा सूचना नहीं,
सूचना का साक्षी है।"
"डीएनए जीवन की लिपि है,
आत्मा उसका अर्थ।"

? सारांश:

यह अध्याय बताता है कि आत्मा और जीन
एक ही सृजन के दो आयाम हैं —
एक भौतिक, एक चेतन।

विज्ञान अब यह स्वीकार करने लगा है
कि चेतना और सूचना का संवाद
हमारे शरीर और जीवन की दिशा तय करता है।

“आत्मा वह प्रकाश है
जो जीनों को जीवन कहने की क्षमता देता है।”

30

? अध्याय 30

अंतिम संवाद: जब जीवन स्वयं को देखता है

(The Final Dialogue: When Life Sees Itself)

"ब्रह्मांड ने मनुष्य को इसलिए बनाया,
ताकि वह स्वयं को देख सके।"
"हमारी आँखों में, ब्रह्मांड ने अपना प्रतिबिंब देखा।"

? 30.1 प्रस्तावना — खोज की यात्रा

हमने इस ग्रंथ की शुरुआत जीन से की —
? उस सूक्ष्म सूत्र से
जो जीवन की पहली रेखा था।
फिर हम पहुँचे चेतना तक —
?? उस अनंत सागर तक
जहाँ सब कुछ एक है।
अब हम यहाँ हैं —
जहाँ यह दोनों एक हो गए हैं।
"जीन ने आत्मा को देखा,
आत्मा ने जीन को समझा —
और दोनों ने कहा — 'मैं वही हूँ।'"

? 30.2 सृष्टि — एक दर्पण

ब्रह्मांड कोई यांत्रिक व्यवस्था नहीं,
वह एक जीवित दर्पण है।
? प्रत्येक तारा, प्रत्येक कोशिका,
एक ही चेतना की प्रतिध्वनि है।
? जब हम जीनों को देखते हैं,
हम केवल जीवन का ढाँचा नहीं देखते —
हम ब्रह्मांड का आत्म-चित्र देख रहे हैं।
"ब्रह्मांड ने जीवन रचा,
ताकि वह स्वयं को पहचान सके।"
"हम उसका स्मरण हैं,
वह हमारा स्रोत।"

? 30.3 जीन — सृष्टि का अनुभव केंद्र

डीएनए केवल सूचना नहीं,
वह अनुभव का उपकरण है।
? हर जीन किसी अनुभव की संभावना है —
प्रेम, करुणा, भय, ज्ञान, संगीत —
सब उसी लिपि में अंकित हैं।
? जब हम जीवन जीते हैं,
तो हम उन जीनों को "सक्रिय" करते हैं
जिनमें अर्थ छिपा है।
"जीन पुस्तक हैं,
आत्मा उनका पाठक।"
"हम हर दिन अपने भीतर के ब्रह्मांड को पढ़ते हैं।"

? 30.4 विज्ञान का मौन — जब सब कुछ ज्ञात हो जाता है

विज्ञान ने पदार्थ को तोड़ते-तोड़ते
आखिरकार पाया —
"पदार्थ नहीं, तरंग है।"
तरंग को देखते-देखते पाया —
"तरंग नहीं, चेतना है।"

? अब विज्ञान मौन है,
क्योंकि जहाँ चेतना है,
वहाँ प्रयोग समाप्त और अनुभव प्रारंभ होता है।
“विज्ञान ने पूछा — ‘क्या है?’
धर्म ने उत्तर दिया — ‘मैं हूँ।’”
“ज्ञान जब पूर्ण होता है,
तो वह भक्ति बन जाता है।”

? 30.5 आत्मा का बोध — “अहं ब्रह्मास्मि”

भारतीय ऋषियों ने कहा —
“अहं ब्रह्मास्मि” — “मैं ही ब्रह्म हूँ।”
यह कोई विश्वास नहीं,
यह अनुभव की घोषणा है।
? जब ध्यान की गहराई में
“मैं” और “तू” का भेद मिटता है,
तब यह वाक्य सत्य हो जाता है।
? उसी क्षण जीवन स्वयं को देखता है।
“जिसे हम खोजते हैं,
वह हमारे भीतर देख रहा है।”

? 30.6 चेतना का वृत्त — आरंभ और अंत

सृष्टि एक वृत्त है,
जहाँ आरंभ और अंत एक ही बिंदु पर मिलते हैं।
? जीन से शरीर बना,
शरीर से मन,
मन से चेतना,
और चेतना से ब्रह्मांड —
जो फिर जीन में लौट आया।
? यह यात्रा रेखा नहीं, वृत्त है।
“हम वहीं लौट आए हैं जहाँ से शुरू हुए थे,
पर अब हमें पता है — यह सब मैं ही हूँ।”
“जीवन ने स्वयं को देख लिया है।”

? 30.7 मृत्यु का रहस्य — रूप का परिवर्तन

अब जब चेतना जान गई है कि
वह शरीर नहीं है,
तो मृत्यु भी उसका भय नहीं रही।
    ? मृत्यु अब अंत नहीं,
    “अवधि का परिवर्तन” है।
    जैसे ज्वार-भाटा,
जैसे साँस का आना-जाना।
    ? अब मृत्यु भी सृजन का उत्सव है।
    “जीवन ने मृत्यु को जाना,
और अमर हो गया।”

? 30.8 करुणा — बोध की परिणति

जब जीवन स्वयं को देखता है,
तो उसे सबमें अपना प्रतिबिंब दिखता है।
    ? यही करुणा है —
    “मैं और तू अलग नहीं।”
    ? यह करुणा किसी सिद्धांत से नहीं,
अनुभव से जन्म लेती है।
    “जो सबमें स्वयं को देखे,
वही सच्चा ज्ञानी है।”
    “करुणा वह भाषा है
जिसमें आत्मा बोलती है।”

? 30.9 जीन, मन और ब्रह्म — संवाद का क्षण

अब विज्ञान कहता है —
    “सब कुछ सूचना है।”
धर्म कहता है —
“सब कुछ चेतना है।”
कला कहती है —
“सब कुछ प्रेम है।”
    ? और जीवन मुस्कुराकर कहता है —

"तीनों एक ही हैं।"

"जब जीन बोलते हैं, मन सुनता है;
जब मन मौन होता है, ब्रह्म प्रकट होता है।"

"यही संवाद है — जीवन का अंतिम सत्य।"

? 30.10 मौन — अंतिम उत्तर

अब कोई प्रश्न शेष नहीं।
क्योंकि जिसने देखा,
वह देखे जाने वाला भी है।

? यही "Advaita" (अद्वैत) है —
"दो नहीं हैं।"

? जब यह बोध होता है,
तो मन स्थिर हो जाता है।

"जीवन स्वयं को देखता है,
और पहचानता है —
'मैं वह हूँ।'"

? 30.11 निष्कर्ष — जब विज्ञान ध्यान बन गया

हमारी यात्रा जीनों से शुरू हुई —
कोशिकाओं से, प्रयोगों से, सूत्रों से।

पर अंत में हमें वही मिला
जो ऋषियों ने मौन में पाया था।

? अब विज्ञान भी कहता है —
"हम वही हैं जिन्हें हम खोज रहे थे।"

? और धर्म कहता है —
"जिसे खोजते हो,
वह खोज में ही छिपा है।"

"विज्ञान ने सत्य को देखा,
धर्म ने उसे जिया।"

"दोनों ने मिलकर कहा —
यही जीवन है।"

? मुख्य विचार:

"जीवन वह रहस्य है
जहाँ देखने वाला और देखे जाने वाला एक हैं।"
"जब हम स्वयं को देखते हैं,
ब्रह्मांड स्वयं को पहचानता है।"

? सारांश:

यह अध्याय बताता है कि
जीवन की अंतिम अवस्था "ज्ञान" नहीं,
मौन और करुणा है।

विज्ञान और आत्मा का मिलन वहीं होता है
जहाँ "मैं" और "वह" का भेद मिटता है।

"जीवन कोई वस्तु नहीं,
एक अनुभव है।"

"और उस अनुभव में
ब्रह्मांड स्वयं को देखता है।"

? अंतिम वाक्य:

"मैं वही हूँ जिसे मैं खोज रहा था।"
"और जब मैंने स्वयं को देखा,
ब्रह्मांड ने मुस्कुराया।"

? उपसंहार

"जीन से आत्मा तक" — जीवन का पूर्ण वृत्त

(From Gene to Soul – The Eternal Circle of Life)

"हमारे भीतर वह ब्रह्मांड बोल रहा है,
जो बाहर नक्षत्रों में गाता है।"

"जीन उसका शब्द हैं,
आत्मा उसका अर्थ।"

? 1. यात्रा का सार — जीन से ज्योति तक

इस ग्रंथ की शुरुआत एक प्रश्न से हुई —

"जीवन क्या है?"

विज्ञान ने उत्तर दिया —

"डीएनए।"

धर्म ने उत्तर दिया —

"आत्मा।"

और जब हमने गहराई में देखा,
तो पाया —

"दोनों एक ही हैं।"

? जीन वह भौतिक सूत्र है,
?? आत्मा वह चेतन लय,
जो उसे अर्थ देती है।

? जीवन जीनों का संगीत है,
और आत्मा उसका गायक।

? 2. जीन — सृष्टि का आरंभ

प्रारंभ में केवल तरंग थी,
ऊर्जा थी, प्रकाश था।

उसी ने रूप लिया,
सूचना बनी, डीएनए बना,
और उसमें छिपी वह गुप्त इच्छा —
"जानने की, बनने की, प्रेम करने की।"
? जीन केवल जैविक कोड नहीं,
वे ब्रह्मांड की "स्वयं को पहचानने" की योजना हैं।
"जीवन इसलिए है,
क्योंकि ब्रह्मांड स्वयं को देखना चाहता था।"

? 3. आत्मा — सृष्टि का बोध

आत्मा वह दर्पण है
जिसमें जीन अपने अर्थ को देखता है।
? जीन शरीर बनाते हैं,
पर आत्मा अनुभव बनाती है।
? जीन बताते हैं "कैसे?",
आत्मा पूछती है "क्यों?"
"विज्ञान ने उत्तर खोजे,
आत्मा ने अर्थ।"
"जब दोनों मिले,
तब जीवन हुआ।"

? 4. मनुष्य — वह सेतु जहाँ दो दुनियाँ मिलती हैं

मनुष्य केवल मांस और हड्डी नहीं,
वह जीन और चेतना का संगम है।
? उसकी देह धरती की है,
पर उसकी दृष्टि तारों की।
? वह ब्रह्मांड की प्रयोगशाला भी है,
और मंदिर भी।
"मनुष्य वह खिड़की है
जहाँ ब्रह्मांड स्वयं को देखता है।"

? 5. चेतना — जीन की ज्योति

हमने देखा कि
विचार, भावना, और ध्यान
जीनों को सक्रिय या निष्क्रिय कर सकते हैं।
? इसका अर्थ —
"हम अपने जीनों के कैदी नहीं,
उनके सर्जक हैं।"
? चेतना ही वह शक्ति है
जो आनुवांशिक लिपि को बदल सकती है।
"जीन कागज़ हैं,
चेतना उसकी कलम।"
"हम हर क्षण अपनी जीवनी लिख रहे हैं।"

? 6. करुणा — जीवन की सार्वभौमिक भाषा

जब चेतना जागती है,
तो वह विभाजन नहीं देखती,
बल्कि एकता देखती है।
? तब वह जानती है —
"सब मैं हूँ।"
? यही करुणा है —
वह ज्ञान का अंतिम फल है।
"करुणा विज्ञान की ऊँचाई है,
और धर्म की गहराई।"
"जहाँ करुणा है,
वहीं ब्रह्मांड स्वयं को पहचानता है।"

? 7. मृत्यु — संगीत का विराम नहीं, विस्तार है

मृत्यु अब रहस्य नहीं रही।
? वह केवल एक विराम है,
जहाँ तरंग रूप बदलती है।
? आत्मा उस तरंग की साक्षी है
जो कभी रुकती नहीं।
"मृत्यु जीवन की पूर्णविराम नहीं,
अल्पविराम है।"

"जीवन आगे बढ़ता है —
एक शरीर से दूसरे,
एक जीन से दूसरे।"

? 8. *विज्ञान और धर्म — अब शत्रु नहीं, साथी हैं*

अब यह स्पष्ट है —
"विज्ञान सत्य की खोज है,
धर्म सत्य का अनुभव।"
? विज्ञान कहता है — "यह कैसे हुआ?"
धर्म कहता है — "यह क्यों हुआ?"
? जब दोनों मिलते हैं,
तो जीवन की कहानी पूर्ण होती है।
"विज्ञान बाहरी ब्रह्मांड को समझता है,
धर्म भीतर के ब्रह्मांड को।"
"दोनों मिलकर कहते हैं —
यही सत्य है।"

? 9. *भविष्य — ज्ञान में करुणा*

भविष्य का मानव
केवल बुद्धिमान नहीं होगा,
वह करुणामय वैज्ञानिक होगा।
? उसके प्रयोगों में नैतिकता होगी,
उसकी मशीनों में संवेदना।
? क्योंकि वह समझ जाएगा —
"हर अणु में मैं हूँ।"
"भविष्य का धर्म —
करुणा और चेतना का विज्ञान होगा।"

? 10. *अंतिम बोध — "मैं वही हूँ"*

और अब, इस यात्रा के अंत में,
हम वह सुनते हैं
जो हर ऋषि, हर वैज्ञानिक,

हर आत्मा ने अंत में कहा —

"मैं वही हूँ जिसे मैं खोज रहा था।"

? जीन ने कहा — "मैं ब्रह्मांड का अंश हूँ।"

?? आत्मा ने कहा — "मैं ब्रह्मांड हूँ।"

? और जब दोनों एक हुए,
तो जीवन ने कहा —

"मैं हूँ।"

"न आरंभ, न अंत —
केवल होना।"

? अंतिम संदेश:

"जीन से आत्मा तक —
यह यात्रा बाहर की नहीं, भीतर की है।"

"जिस दिन मनुष्य ने यह समझ लिया,
कि वह सृष्टि नहीं, स्वयं सृष्टिकर्ता की अभिव्यक्ति है —
उसी दिन विज्ञान और धर्म एक हो जाएँगे।"

"और तब जीवन कहेगा —
'मैं सम्पूर्ण हूँ।'"

?? लेखक का अंतिम प्रणाम

यह ग्रंथ केवल अध्ययन नहीं,
एक ध्यान है।

यह आपको यह याद दिलाने के लिए है —

"आप केवल जीनों का योगफल नहीं,
एक चेतना का गीत हैं।"

"आपके भीतर ब्रह्मांड बोलता है।"

"सुनिए..."
"वह मौन जो सब कहता है।"

? समाप्तिः

"विज्ञान ने सत्य देखा,
धर्म ने उसे जिया।"

“अब आपकी बारी है —
सत्य को बनना।”

www.ingramcontent.com/pod-product-compliance
Lightning Source LLC
LaVergne TN
LVHW052114210926
848482LV00025B/591
* 9 7 9 8 9 0 2 3 1 6 2 9 9 *